山内 乾史 編著

Learning support and
Quality Assurance of higher education

学修支援と高等教育の質保証 Ⅰ

学文社

執筆者一覧

*山内　乾史　神戸大学大学教育推進機構／大学院国際協力研究科
　　　　　　　教授（第1章）
　原　　清治　佛教大学教育学部教授（第2章）
　高橋　一夫　常磐会短期大学幼児教育科講師（第3章）
　塩川　雅美　学校法人常翔学園　摂南大学　学長室大学改革アド
　　　　　　　バイザー（第4章）
　杉野　竜美　神戸大学大学院国際協力研究科研究員（第5章）
　武　　寛子　愛知教育大学教員養成開発連携センター講師（第6章）
　邵　　婧怡　大連海洋大学教師教育発展センター講師（第7章）

（＊は編者）

はしがき

本書は山内が研究代表者を務める科学研究費補助金基盤研究(C)(2013年度〜2015年度)「学生の学力と学修支援に関する比較研究―日英瑞3カ国を中心に―」(課題番号25381129)に基づく第一弾の研究成果である。

近年,高等教育界においては「学修支援」という言葉が急速に市民権を獲得した。これは,大学の主たる社会的使命が「研究」から「教育」へ,さらには「学修支援」へと移行していったことを反映している。もちろん,大学個別にみれば,いまでも「研究」を主たる社会的使命とする大学はある。しかし,そういった大学においてさえも,10年前,あるいは2……べれば「学修支援の充実」という課題は比較にならないほど重みを増していることと考える。

本書は第一弾として,国内を中心とする学修支援の状況を検討した。第1章において山内は,私的な経験に基づくアクティブラーニング論を展開している。アクティブラーニングは近年の学修支援重視の風潮のなかでのキーワードのひとつである。第2章において原は,高校時代からのトランジションなどバックグラウンドを踏まえた学修支援論・学力論を試みている。第3章において高橋は,本務校である短期大学の保育者養成の視点からの学修支援を検討している。第4章において塩川は,高等教育機関の留学生への学修支援を検討している。第5章において,杉野は,学修支援と対になって論じられることの多いポートフォリオの機能について論じている。第

6章において武，第7章において邵がそれぞれ，スウェーデン，中国の高等教育の評価と質保証について検討している。教育評価と質保証が学修支援論と深いかかわりをもつことについては説明を要しないであろう。

　第二弾において，より深い考察をして『学生の学力と高等教育の質保証(I)，(II)』以来続いてきた一連の研究を終えたいと考えているが，今回の研究に対してご意見，ご批判があればぜひともお寄せいただきたく考えている。

　毎回のことながら学文社，ことに田中千津子社長には大変お世話になった。ここに記して深甚なる謝意を表する次第である。

平成27年7月
　　　　　　神戸大学・鶴甲キャンパスの研究室にて
　　　　　　　　　　　　　　　　　　　　　　　　山内　乾史

目　　次

第1章　私的経験に基づくアクティブラーニング論 …………………… *1*

　1　問題の背景　*1*

　2　「教育」から「学修支援」へ　*2*

　3　4つの原則　*9*

　4　アクティブラーニングの多様性　*18*

　5　私の失敗例（その1）—P大学におけるグループワーク　*22*

　6　授業時間外の学修をどうモニターするか　*31*

　7　さらなる私の失敗例（その2）　*33*

　8　ひとまずの結論　*38*

第2章　21世紀型の学力を目指した学修支援
　　　　—高等学校の学力階層と生徒指導上の課題に着目して— ……… *41*

　1　学習指導要領の変遷と「学力」観　*42*

　2　「学力」論はどのように変化したのか　*42*

　3　これからの時代に求められる「力」とは何か　*45*

　4　「つながれない」高校生の現実　*46*

　5　問題行動と高校の学力階層との関係—生徒指導上の諸課題の特質—　*49*

　6　社会関係資本の重要性　*52*

　7　子どもや若者に必要な「つながる」力とは何か　*53*

第3章　学修支援の視点に立った保育者養成校の授業構築
―協同学習と絵本を活用した論理的思考力の育成に注目して―
....57

1　保育者養成校におけるディプロマ・ポリシー　58
2　カリキュラムにおける「言語表現」の位置づけ　62
3　絵本を活用した論理的な思考力の獲得　66
4　効果的な学習を促進するための工夫―協同学習の視点―　68
5　学修支援の効果―学生の学習成果に基づく評価―　74
6　まとめ―学習を通しての学生の変化―　76

第4章　留学生の学修支援 83

1　オン・キャンパスの学修支援　85
2　オフ・キャンパスの学修支援　96

第5章　大学生の留学送り出し支援におけるプロセス評価
―ラーニング・ポートフォリオ活用の可能性― 117

1　本章の目的と背景　117
2　ラーニング・ポートフォリオの概要　118
3　ラーニング・ポートフォリオに関する先行研究　121
4　留学支援におけるラーニング・ポートフォリオの利用状況　126
5　留学支援における特有の課題とラーニング・ポートフォリオ活用の可能性　136
6　今後のラーニング・ポートフォリオ活用の可能性　139

第6章　スウェーデンにおける教員養成課程の質保証に関する考察 …… 144

1　スウェーデンにおける教員養成教育の歴史　*146*

2　教員養成課程の質保証　*157*

3　教員養成課程に関する内部質保証の進め方
　　―リンネ大学の場合―　*164*

第7章　中国の大学評価制度の変遷とその課題 …… 176

1　大学評価制度の発足　*177*

2　大学評価制度の実践　*179*

3　合格評価の変遷　*181*

4　審査評価　*187*

第 1 章

私的経験に基づくアクティブラーニング論

山内　乾史

1　問題の背景

　本章は,「これからの学生の学びをいかに支援するか」という問題をめぐる,私的経験に基づくアクティブラーニング論である。私の肩書は,神戸大学大学教育推進機構／大学院国際協力研究科教授であるが,実はもうひとつ肩書があって,神戸大学全学教務委員長というストレスに満ち満ちた役職に就いて4年目に入った。その立場から,主として以下の議論を展開したい。

　ご案内のとおり1991年7月に,大学設置基準が大綱化され,高等教育が急速に大衆化した。そして大学改革の焦点が20世紀の末に「研究」から「教育」にシフトした。21世紀に入ってからは,さらに「教育」から「学修支援」へとシフトしてきた（この「学修」という字を,「学習」と書くのか,「学修」と書くのか,これはいろいろ議論のあるところだが,私は基本的に可能な限りlearningは「学習」,その他は「学修」で通すことにする）。

　なお,本章の構想を練ってまとめにかかった段階でいろいろとこの分野に関する秀著が刊行されている。溝上慎一氏による『アクテ

ィブラーニングと教授学習パラダイムの転換』（東信堂，2014 年），松下佳代氏と京都大学高等教育研究開発推進センターの編集による『ディープ・アクティブラーニング』（勁草書房，2015 年）がその代表例である。これらについては現在，鋭意分析を進めているが，まず今回においては，前段階として私がこれまでまとめてきたことを公にし，続編においてこれらの先行研究を踏まえた議論を展開できればいいのではないかと考える。したがって本書では私の経験的なアクティブラーニング論に終始し，本報告をまとめる過程で出版された秀著には言及できておらず，溝上氏，松下氏はじめ先輩方，同僚方に礼を失していることを，予めお詫び申し上げる。

2 「教育」から「学修支援」へ

　「教育」から「学修支援」へのシフトというのは，私自身の言葉で述べると「教える」から「育てる」へのシフトということである。「教える」と「育てる」と，この２つは一緒かというとずいぶん違うのである。今ではどちらかといえば，「育てる」という方に焦点があたっている。それでは，「育てる」と「教える」とはどう違うかということであるが，「教えない」ことが「育てる」ことにつながることもあるし，「教える」ことは「育てる」ことを妨げることもあるということである。学修支援に関して，これは非常に重要なポイントではないかと私は考えている。

　そのことについて述べるうえで，例としてあげたいのは，プロ野球界のスーパースターであり，敬愛する野村克也氏の言葉である。野村克也氏の著書を私はほとんどすべて拝読しているが，人材を育

成するとはどういうことか,ということについて野球を例にわかりやすく書いておられる。野村克也氏の現役時代の実績が一流であるのはもちろん,解説者・評論家としても一世を風靡し,また監督としても一流であることを,実績をもって証明された。現役選手としても,監督としても長期にわたって超一流の働きをした人というのは,多めに見積もっても数字的には,野村克也氏以外には川上哲治氏,王貞治氏,長嶋茂雄氏しか可能性がないのではないだろうか。

　さて,野村氏の著書のなかに,「メジャーでは,教えないコーチが名コーチだ」という言葉がある。どういうことかというと,日本のコーチでもよくみられるけれども,駄目なコーチは,有力な新人選手が入ってきたら,あれやこれやと手取り足取りいきなり教えたがるというわけである。しかし,それでは選手は育たない,むしろスポイルされかねないというわけである。それを意味するのが,「メジャーでは,教えないコーチが名コーチだ」という言葉である。選手たちはルーキー・リーグや1A,2A,3Aと経て,メジャーにやってきている。もう基礎は十分にできている。できていなければメジャーには来ることができない。したがって,通り一遍の基礎については教える必要はない。スタンダードから外れたピッチングフォーム,バッティングフオームで投げたり打ったりする選手がいても,それは放っておいたらよろしい。その選手の個性であるということだ。

　ところが選手たちも壁にぶち当たって悩んで,自分で試行錯誤する時が来る。その試行錯誤をするときに,どうしても出口が見当たらないというときに,その過程をちゃんとみていてコーチが適切なアドバイスをしてやる。それが大事というわけである。最初から手

とり足とり教えたら、選手が「失敗から学ぶ」ということ、それ自体を学ばなくなってしまうということである。言い換えるならば、何らかの問題意識を本人がもって熟成させて課題解決に取り組んで、しかもまだ悩んでいるという段階にきて、メジャーのコーチの仕事がはじまる。一流のプロであるから自律的に技術の向上に努めるのは当然のことであるが、その前提として自分の長所と欠点を的確に把握し、長所を伸ばすにはどうすればいいか、欠点を克服するにはどうすればいいか、そういう問題意識を具体的にもつレベルになって、はじめてプロのコーチのアドバイスが有効になるのだ。問題意識をもたないうちからアドバイスすると、仮にそのアドバイスによって事態が改善されたとしても、自ら問題意識をもって取り組んだものではなく、与えられたものをうけとったに過ぎない。したがって自律的に絶えず技術向上に努めるべきプロの姿勢としてはいかがなものかというのである。

　これは大学の教育にもそっくりそのまま当てはまるのではないかと考えるわけである。要は、学修支援に過剰に依存しないで、自律的に学修方法を模索するように仕向ける。これは、私の先ほど申し上げた「教えない」ことが「育てる」ことにつながるということでもあるわけだが、コーチは教えないで楽をするわけではない。給料泥棒というわけではない。決して放置するということではない。教えない、しかし、しっかりモニタリングしながら適切なタイミングで適切なサポートを提供するというわけである。これはおそらく今日、学修支援として求められているものだろうと考える。

　つまり手厚い学修支援ということを売り物にするのは結構なことであるが、あまり手厚い学修支援をしすぎて、自律的に学ぶ習慣を

失ってしまうと元も子もないということである。自律的に学習方法を模索するように仕向ける。学修支援はしっかりしつつ，しかし学生が過剰に依存しないようにする。それこそが「教えない」ことが「育てる」ことにつながるということではないかと考える。

今日しばしばいわれる単位の実質化の議論においても，授業時間はもちろん，授業時間外においても自主的に学習に取り組むことが求められているのだが，自主的に学習に取り組むとはどういうことかというと，結局のところ，問題意識をもつということに尽きる。問題を発見する，それを深化させる，あるいは解決していこうとする，課題発見型，課題解決型の人材像がこの学習観の背景にあるのだ。しかも，受け身ではなく，あくまでも主体的に学生が取り組むとなると，授業担当教員の立ち位置は難しくなる。教えるべきタイミングの見極めは困難を極める。

これをもっとも的確にあらわす言葉が禅の言葉である「啐啄同時」である。雛がぽんぽんと殻をつついて外へ出ようとするときに親鳥が外からつついてやる。そのタイミングが早すぎたら，雛が発育不全になってしまう。しかし，遅すぎてもまずく，適切なタイミングでサポートしてやる必要がある。ただ，適切なサポートを適切なタイミングで提供するときれいごとをいっても，いつが適切なのか何が適切なのかということは学習者個々によってかなり異なるわけである。

20世紀の末から英国でおこってきた「特別な教育ニーズ」論といわれる議論が，この背景にある。それまでは，特に日本などでは，多くの子どもは平均的な教育ニーズをもっていて，ごく一部の子どもが特殊な教育ニーズをもっているという議論が主流であった。平

均的な教育ニーズに対応するには一律の多人数一斉授業方式で対応し，一部の特殊な教育ニーズに対しては，私立学校への進学によるか，養護学校への進学によるか，あるいは公立学校の枠内で解消するか，いずれかによるということであった。

しかし，前述のように，20世紀末から徐々に子ども一人ひとりがかなり異質な教育ニーズをもつという議論が台頭し始め，すべてに対応するのは無理としても可能な限り子ども一人ひとりのニーズの差異に対応したきめ細かな教育が求められるようになってきた。大学もまた例外ではないということである。

いろいろな大学で行われている「学生生活実態調査報告書」をみると，おおむね2割，多いところでは3割強の学生が，入った大学，入った学部，入った学科に「こんなところに来るのではなかった」と答えている。神戸大学でも，残念ながら3割くらいの学生が，「神戸大学なんかに来るのではなかった」と回答している。あるいは，「神戸大学はよかったけれども別の学部に行ったらよかった」と回答している。あるいは，「こっちの学科ではなくて，あっちの学科のほうがよかった」と回答している。「不本意就学」というと適切ではないかもしれないが，そういう学生がかなりいるのだ。そういった学生は，へたをすると中退してしまう。現在，中退してしまう理由としては，経済的な要因が多いのは当然のこととして，学習スタイル，先ほどの言葉でいえば，ラーニングスタイルが合わないからやめるというケースも多いように考える。社会学者の本田由紀氏は学校嫌いに2つあると唱える。ひとつは勉強そのものが嫌いな子どもたちである。もうひとつは，勉強そのものは嫌いではないのだが，学ぶスタイルが合わないという子どもである。

第1章 私的経験に基づくアクティブラーニング論

　アクティブラーニングという学習スタイルが合わない学生は確実に存在する。私の経験上は約1割程度いる。「この授業はこういう進め方をするよ」とインストラクションをすると，1割くらいの学生は1回か2回来たくらいでぽんと辞めてしまう。そこで「あいつ，どうして来ないのだ」と他の学生に尋ねると，「『ああいう4人で活動するのは嫌だ，できない，やったことがない』と逃げていきましたよ」という答えが返ってくる。こういう事態が毎学期必ずおこる。そういう学生をどうするのかという問題も，アクティブラーニングが広がれば広がるほど問題になる。**すべての学生にとってアクティブラーニングがウエルカムなのではない。合わない学生が少なからずいるのである。**

　ところで大学教育の効果を語る場合，小さいユニットをどうやってつくるかが大事なポイントである。もちろん，多人数の授業が存在するとか，キャンパスに1万人の学生がいるとかいうことそれ自体はいいのだが，そのなかで小さいユニットをどうやってつくるかが教育効果を高めるうえで非常に重要なポイントである。ゼミや研究室，あるいは課外活動のクラブ，サークルもそういう工夫のなかから出てきた教育ユニットである。大学入試センターの濱中淳子氏が『大学院改革の社会学―工学系の教育機能を検証する―』（東洋館出版社，2009年）で言及しておられる通り，大学院教育のなかで一番効果があるのは授業ではない，研究室教育である。教員が個別的に指導する小さいユニット，あるいはマンツーマンの指導こそが一番効果がある。授業とかゼミのフォーマルなもののもたらす効果は，研究室の効果ほど高くない。先輩などと自主的に研究する，インフォーマル，セミフォーマルな小さいユニットである研究室の教育効

果が高いということである。ただし，小さいユニットをどうやってつくるのかというのが非常に重要な問題で，多くの学生にとって多人数授業よりも少人数授業，一方的授業よりも双方向授業の方がいいのは当たり前であるが，そうなったとしたら全員が万歳というわけではない。先述のように必ず，「そういう授業になったからこそ違和感を訴える」学生も1割程度出てくる。

たとえば，神戸大学の場合，経済学部，経営学部ではゼミに入らなくてもいい，講義で単位を揃えて出ていってもいいという学士課程修了の方法がある。「大学に入った以上，ゼミに入らなくては楽しくない」，「合宿もないし，コンパもない，何が楽しいのか」と感じる方もおられるであろう。しかし，経済学部や経営学部の教員に聞いたところ，ゼミに入らずに単位だけ揃えて出ていく学生が，それぞれ1割前後いるようである。そういう学生に対して，「いやいや，君それは意味がないよ」と学生生活を意味あるものにするためにゼミに入れようとするのか。それとも，そういう学生はそういう学生で小さいユニットに所属しないでも課程を修了できる「シェルター」を確保しておいてやるべきなのか。どちらになるのかは大きな分かれ道である。

ことに，のちに述べるように，発達障碍の学生にどう対応するかは，「シェルター」の問題を考えるうえで重要な問題である。

さて，ラーニングスタイルが合わない学生が入ってきた場合，どうすればいいのかが問題である。おそらく多くの大学ではアドミッションポリシー（AP）を考えて，うちの大学に入るにはこういう能力・考え方が必要である，ということを学力面，あるいは先ほどのラーニングスタイルの面も含めて示していることと考える。そうや

って入学してきた，APを満たす学生をカリキュラムポリシー（CP）にのっとって教育して，卒業するときにはディプロマポリシー（DP）に示しているような能力を身につけさせて，卒業生として社会に送り出すということを大学として決めているであろう。そしてさらに大学全体のAP・CP・DPにのっとって各部局でAP・CP・DPを決めているはずである。どういう能力を身につけた学生を社会に送り出すのか。あるいは学生側からみたら，自分は，この大学で学べばどんな人間になることができるのか。この大学に入ったらどういう成長が期待できるのか。こういうものを端的に示すのがAP・CP・DPなのであろう。現在の時点ではAPが，なかなか受験生，あるいは受験生の保護者に十分に浸透していない。あるいは信頼されていないということかもしれない。

　いずれにせよ，大学の授業についていくのに自分は困難を覚える，あるいは，学力面だけではなくて，動機やラーニングスタイルの面も含めて困難を覚えているという学生は少なからずいるようである。そういう学生に対して，どう指導していくのか。どう支援していくのか。そのことを，私の狭い経験—多くは失敗例である—をもとに以下論述してゆく。

3　4つの原則

　「育てる」という場合，決められたことを効率よく「教える」だけではなく，学習への動機づけ，水路づけ，成果の保証も必要になってくる。つまり，「何を教えるか」だけでなく「どう教えるか」も問われるのである。そのうえで授業をどう構成するか，というこ

とが問題となるのである。十数年前は授業改善というのが FD の大きなテーマで，どうやって授業をするのか，そればかりが取り上げられていた。ある旧帝大に FD のセンターが設立されたときのパンフレットをみると，マイクのもち方とか，ジョークのはさみ方とか，そんなことまで研究をすると書いてある。授業をよくすれば教育がよくなる。授業をよくすれば学生が成長する。そういう前提にたって議論がされていたのである。つまり，言い換えれば，教員が座学型の一方向的な授業をするという前提で，授業の技術を個々の教員がいかに磨くかという視点から論じられている FD を想定しているのである。学生の学びを支援して学生の成長を促すという発想が欠落しているのである。これはこの大学だけではない。当時の神戸大学を含むほぼすべての大学に当てはまることである（もちろん，個々の教員で個々の学生の学びを支援しようと考えておられる方が，少ないながらも，昔から存在されていることは存じ上げているが，組織としてどうかというレベルの話をしているのである）。

　ところが個々の授業をよくするというだけではなくて，もっと組織的に考えないといけない。近年，たとえば大学のなかに複数の部局がある。複数の部局それぞれ人員削減とかが相次いで―国立でも私立でも同じ事情であろうが―，少ないスタッフでたくさんの学生を世話しないといけない。しかも，その世話も昔のように，「わしの背中をみて勝手に育て」というのではなくて，きめ細かい，一人ひとりの個性やバックグラウンドに応じて提供しないといけない。でも，実際には，もう皆，手いっぱいである。だから，学修支援は，個人個人の熱心な教員が身銭を切ってやるというのではなくて，組織としてしっかりやりなさいという風潮が強まっているように見

受けられる。カリキュラム全体の質的向上と学修支援への組織的バックアップが必要というわけである。

　現在の大学生には，かつての大学生とは異なって「なぜ大学で学ぶのか」をはっきりさせずに進学しているものが多い。かつてであれば，同学年の生徒の多くは高校を出て就職するという事情であった。私が大学に進学する頃─30年以上前であるが─でも3人に1人しか大学・短大に進学しなかった。だから大学・短大に行く人は「みんな働くのに，なぜ自分は大学に行くのか」という理由を比較的はっきりもっていた。「こういう仕事に就きたいから進学する」，「こういうことを勉強したいから進学する」と，はっきりした理由をもっていたわけである。だけれども，今は進学するほうが多いのだから，むしろ進学しない側にこそ，「みんなは大学に行くのに，自分はなぜ行かないのか」という理由をはっきりさせる必要があるわけである。「働いてお母さんを助けてやりたいから」とか，「大学なんか行ったって自分がやりたいことはできないから」とか，あるいは，「自分の能力に自信があるので，早く社会に出たほうが得だから」といった例をあげることができよう。はっきりした理由をもっているのは，むしろ進学しない側の方である。

　だから，現在の高校生には，高校卒業時に将来の進路を明確にして大学に進学しなければならないという意識は極めて薄いように見受けられる。もちろん，なかには確たる理由をもっている人もいる。医学部を目指す学生の場合で，「家が開業医であるから，私も開業医になる」というように明白な意識をもっている者もいるけれども，特に理由をもっていない者が圧例的に増えている。つまり，学習動機を内在化させていない者が，文系を中心としてかなり増えている

というわけだ。そういうことを前提に学修支援をしていかなければならないわけである。

私が述べたいことは4点である。

①入試による接続からカリキュラムによる接続へ

従来であれば大学入試と，高校を卒業するときに必要な学力と，そして大学教育をうけるのに必要な学力，その3つの学力をどうかみ合わせるかが問題であった。そしてこの問題は，おそらく入試を厳格にすれば改善されると考えられていたわけである。ところが，その入試も多様化して，学力試験を経ないで入学してくる学生が増えている。そうなると，入試のみによって接続をうまくやろうというのは，どだい無理な話である。すなわちカリキュラムによって接続していかなくてはならないのである。

②従来の高大連携から高大接続へ

そこで，従来の高大連携から高大接続への移行が必要となるわけである。高大連携というのは，たとえば出前授業とか，公開講座とか，単発のイベント的なものであって，大学のなかでは入試広報課が担当しており，教育担当者，教務課とか学部課があまり関知しないで，「名刺代わり」の一環としてやっているというケースも多いようである。それは，イベント的なものであって，目的は「受験生を集める」ためである。したがって入学してからの教育とはあまり関係ないというケースが多いようである。入学してから，「高大連携では，あんないいことをやっていたのに，実際に入学したら違うじゃないか」という不満が出たというケースもよくあると聞く。そういう高大連携のイベント的なものより，これからは，高大接続へもっとシフトしていくべきではないかと考える。高大接続というの

は地道な、あまり目立たないけれども、継続的・教育的な努力を必要とする。その核になるのが学修支援の発想であるというわけだ。

③「組織」としての接続から「個」としての接続へ

次に、「組織」としての接続から「個」としての接続へ、についてである。われわれは、一般的には、この高校を卒業した人は、だいたいこういう学力であると理解している。さらには、この大学の偏差値はいくらだから、これくらいの学力をもった高校生が入ってくるだろうと理解している。要は、高校と大学とが、個別的な例外はあるにせよ、組織として、この高校を出たらこの大学に行けると、あるいは、この高校を出てもこの大学に行くのはちょっとしんどいというように、「高校という組織」と「大学という組織」のマッチングで学力を考える傾向にあったのだ。言い換えれば、同一学校内、同一大学内の学力の分散が小さいと考えられてきたということでもある。

しかし現在では組織として学力的にうまくマッチしているか、していないかということではなくて、ひとつの高校・大学のなかでも、ものすごく多様である。垂直方向の学力格差も広がっているが、水平方向の学習経歴もすごく多様になっている。高校での学習経歴はものすごく多様である。私の頃の受験生のように5教科7科目をスタンダードに学ぶ学生もいる一方で、たとえば英語コースとか理数コースとかで学んだ学生たちは特別な英語を勉強した、特別な数学を勉強したということになる。あるいは昨年まで神戸大学でよく問題になったのは、医学部の学生なのに生物を履修していない者がいることであった。それも、「生物Ⅱ」を取っていないだけではなく、「生物Ⅰ」さえも取っていないという学生もいる。そのような場合、

どうするのかが当然問題になる。もちろん，ちゃんと履修して入学してきた学生もいる。だから，取っていないことを前提にして授業をしたらみんな満足するかというと，そういうわけではない。取っていない人もいるけれども，取っている人もいる。その場合は個別に分けて学修支援していくしかないということである。

④「教員個人」としての努力から「組織」としての努力へ

ただ，個別的な支援をしていく，個別的に接続していく努力をしないといけないというのは学生の側の話であり，大学の側としては教員個々がそういう学修支援の努力をするということではなくて，あくまでも大学として，あるいは学部として，組織として支援していく，そういう方向に向かうことが必要なのではないかと考える。

おそらく従来の大学のイメージというのは，個人事業主みたいな偉い先生がおられて，それぞれ個人商店みたいな確固たる講座があって，そこで講義とか演習とかを開いているという形態に近かったのではないか。そういう形態のなかでは，横の連携は非常に薄くならざるをえない。しかしこれからは「チーム○○大学」として学生の学習を支援していかなければいけない。そうしないと個々の教員の中では，まじめにやる人だけがものすごい負担を背負って，他方でフリーライダーみたいな教員が出てきかねない。これでは組織としてはまずいということになる。チームとしての，組織としての努力が必要になるということである。大学側としては，組織としての対応を求められながらも，他方では学生集団全体に対してではなく，具体的な学生個々に対して適切な対処が求められているということである。個々人のバックグラウンド――先ほど申し上げた学習経歴やラーニングスタイルなど――の多様性に応じた個別的な学修支援の必

要があるということである。もちろん，理科系では積みあげ式の学問分野が多いから，そういう問題は特に深刻ではないかと考える。

　そういうことを述べると，おそらく従来よくいわれた「リメディアル教育」というものを思い浮かべる方もおられることであろう。「リメディアル教育」というのは，どのようなものか？　たとえば以前，北陸で有名な，そういった事業に力を入れている大学を訪問したときに，リメディアル教育のセンターがあった。そういう場所に授業内容をよく理解できない人が行って勉強する。それは，もちろん望ましいことである。ただし，そういう場合に問題になるのは，授業はわかるけれども，もっと高いレベルでのことを勉強したいという学生，意欲のある学生が置き去りにされているということである。こういう学生に対しては，なぜかカリキュラムとして，個別的な学修支援が提供されていない。だから，そういう学生は，個別的に，ある授業，学問分野に関して勉強する教材としてはどういうものがあるのか指導をうけたいということである。スタンダード以下の学生ではなく，スタンダード以上の学生たちに対して目が向けられていないという問題があるということである。

　さらに，そういうセンターに頻繁に通っている学生は，「あのセンターに行っている人は，大学の勉強についていけない人だ」と負のスティグマを貼り付けられることになりかねない。そういう問題がよく指摘されてきた。信州大学の加藤善子氏によれば，リメディアル教育といえば従来「大学教育をうけるに必要な学力を欠く者に対する補償教育」を意味し，そのような学修支援をうける者には負のスティグマが貼り付けられることになりがちであった。ところが，いくつかの大学ですでに実践されているように，学力の高低が問題

ではなくて，自己が十分に理解できない箇所について，あるいは自分がもっと深く追求したいという箇所について授業担当教員，あるいは同じ領域の専門家から，個人的にではなくて組織的な対応として学修支援をうけるという試みが広がっている。そういう学修支援を**サプリメンタル・インストラクション**と称している。だから，優秀な学生も来れば，中程度の学生も来るし，ついていくのに困難を覚えている学生も来る。まさしく個々の学生のバックグラウンドに応じた学修支援を組織的に提供していくというわけである。

　神戸大学の比較的評判のいい例—残念ながら私白身は関わっていない—であるが，全学共通教育部に数学教育部会という教育部会があって，数学の共通教育を担当している。経済学部とか経営学部とか，あるいは理系の学生が数学の授業（「線形代数学」など）を専門基礎科目としてうけている。その専門基礎の数学の授業をうけている学生から質問がくるわけである。それは，学生が数学を理解できていなくて，ついていけずに補習をうけているというわけでは必ずしもなく，できる学生もいるし，中程度の学生もいる。要するに学生の側からいえば，もっと学びたいという意欲をもっているかどうかが，来るか来ないかの違いであり，学力が低いから来ているというわけではない。ましてや来させられているとか，強制されているとかいうことでもない。これこそ，サプリメンタル・インストラクションの好例と考える。

　先ほど，「育てる」ためには動機づけ，水路付けが必要といったのは，まさにここにおいてもあてはまるのであり，こういう機会を積極的に生かして学ぼうという姿勢が大事なのである。

　現在，神戸大学では，物理学教育部会も全授業で同一教科書，同

一シラバスで授業をしているため、同じようなサービスを提供することを検討しているとのことである。こういう例こそが申し上げてきたことの適切な例である。

　従来、オフィスアワーとして個別的に教員が時間をさいて学修支援をやってきたが、「オフィスアワーなのに先生が研究室にいない」という情けないケースもあるようである。ただ、ここで強調したいことは、すでに述べたように個人的にではなく組織的に学修支援を学生に対して提供するということである。学力の低い学生だけではなくて、学力が中程度の学生も高い学生も、学力に応じた学修支援をうけて、スティグマが貼り付けられることもなく済んでいるという状況が、神戸大学の前述の数学教育部会の努力に現にみられる。「熱心な学生だ」といわれることはあっても、「できない学生だ」と蔑まれることはない。これこそ、私が申し上げている個々の学生のバックグラウンドに応じた学修支援のひとつの好例である。

　さて、学修支援は授業と連動して提供されないといけない。そこで、失敗例で恥ずかしいのではあるが、私の行ったグループワーク学習を例として取り上げて、自己批判的にご紹介したい。繰り返すが、決して模範演技ではない。恥ずかしい授業で、「こうしたらダメ」、あるいは「こういう問題点があった」ということを洗いざらい述べるためには、ほかの教員の授業を題材として取り上げるわけにもいかないので、恥を忍んで私のつたない授業を取り上げて紹介するにすぎない。

4 アクティブラーニングの多様性

　その前に一言，アクティブラーニングについて言及しておきたい。アクティブラーニングは一括りにして論じられるきらいが強く，その内実になかなか高等教育研究者以外の方は目を向けておられないようである。アクティブラーニングというと，「学生が自ら進んで勉強する魔法のような授業」といったことでは決してない。ただ近年のアクティブラーニング流行りの世相においては，そういう誤ったイメージが抱かれつつあるようで，危惧される。

　繰り返すが，アクティブラーニングといってもいろいろなものがある。ほんの一例としてグループ・ディスカッション，あるいはPBL─プロジェクト・ベースド・ラーニングとプロブレム・ベースド・ラーニングと両方あるが─それからグループワーク，反転授業・反転学習，あるいは課題探求学習，問題解決学習といろいろなタイプがある。さらに他にもある。こういったいろいろなアクティブラーニングがあって，それぞれ身につく社会的能力が違ってくる。このタイプのアクティブラーニングはコミュニケーション能力を育てるとか，このタイプのアクティブラーニングは批判的思考力を育てるとか，ひとつひとつ育つ社会的能力が違う。したがってその大学のDPで書かれている能力を育てるには，どのアクティブラーニングが一番適合性の高いものであるのかということを考えてアクティブラーニングを導入していく必要がある。

　京大の溝上慎一氏はアクティブラーニングを大きく2種類に分けている。ひとつはアウトプット型あるいは「課題探求型」，もうひとつはアウトカム型あるいは「課題解決型」である。

アウトプット型あるいは「課題探求型」のアクティブラーニングとは、主として自由テーマによる調べ学習で、最後の結論は学生の学習内容に依存する。たとえば教養教育でアクティブラーニングをやろうということになった場合、「それぞれフィールドワークをして何か調べてこい」といわれて、商店街へ行って何か調べてくるとする。商店街へ行って店で何かを調べてくるというのはみんな共通しているけれども、ある者は金物屋へ行ったり、ある者はゲームセンターへ行ったり、いろいろ全然違った調査対象を基に全然違ったレポートを書いてくる。しかし、それで「よく頑張りました」、あるいは「もうちょっと頑張りましょう」とそれぞれ評価する。

要するに、共通の到達目標として何かを設定し、それに到達しているかどうかを測定して評価をするということではない。学生が何をやってくるかは学生の興味関心に依存する、学習内容に依存するというのが、アウトプット型というわけである。

それに対して、溝上氏によると工学系や医学系学部のPBLに代表されるように、資格免許あるいは厳しいスキルの要求がある専門科目を中心になされるアクティブラーニングはアウトカム型の学習である。この授業はこういう資格免許を取るうえで必要な科目であって、こういうスキル、知識、技術を身につけることが必要であると、割とはっきりと学習目標が定められている。学習目標を達成するうえで、多少学生がばらばらなことをしたとしても最終的にはそこに行きつくという到達目標がはっきりしている。これがアウトプット型、課題探求型と区別されるべき要点だと溝上氏は述べる。

もちろんこのアウトプット型とアウトカム型、これが唯一のアクティブラーニングの分類法ではなくて、他にもたとえばグループワ

ークを伴うものと伴わないものという分類がある。あるいはさまざまな分類が他にも可能である。ただ，先述のように，どのようなアクティブラーニングのスタイルを取るかによって育成される社会的能力・スキルが大きく異なる。アクティブラーニングとして一括りにして論じることは，申請書に作文するという場合であればいいかもしれないが，実際の授業にあたる教員の授業方法論としては，きっちり区別をして議論をしていく必要がある。要は，授業目的，学習目標に応じたスタイルのアクティブラーニングを採用する必要があるということである。

　ただし，あらゆるアクティブラーニングに共通する要素としては，獲得した知識とか技術，スキルを知っているだけ，あるいは聞いた，わかったということで終わらせないで，それを使って何かをしてみるという点がある。知識・スキルを実際に運用する能力を身につけるということである。「知っている」，「わかっている」ということと「できる」ということはかなり別のことであって，「知っている」，「わかっている」だけではなくて，実際にやってみないといけないということである。

　たとえば学生が，「私は本番に強い。だから本番になったらできる」と強がって，就職活動の面接でも練習せずにうける。そういう学生に限って，面接に行ったらとちってしまって，すべってくる。「できる」ということと「わかっている」ことは別だと，いつもそういう学生にいうわけである。大学，大学院まで進んでくるという学生は，いろいろ勉強して，いろいろなことを知っていて，いろいろなことを学んできたという。「私はいろんなことを知っている，わかっている。だからできる」と思っている。けれども，やらせて

みたら,「知っている」ということと,それが「できる」ということとの間にはかなり距離があるということがわかる。それでは自分は「できる」ようになるには何をすればいいのか,あるいは将来のキャリアに向けてどういう準備をすればいいのか,そういうことについて,躓きを経験させることでさらに前に進めていくという,そういう役割もあるということである。冒頭の言葉でいえば,**躓きを経験させて,問題意識をもたせる**ということである。

　ただアクティブラーニングというのは学生が主体的に学び始めて即,何か多大な成果をあげるかのように勘違いされる向きもあるが,知識を獲得しないままアクティブラーニングだけをしても,「お遊戯」だという批判もある。「さあ皆さん楽しくやりましょう。さあ皆さん楽しかったでしょう」とそれで終わってはいけない。知識や技術,スキルを獲得して,そのうえでそれを使っていくプロセス,到達目標をしっかり定めてアクティブラーニングを展開していく必要がある。逆にアクティブラーニングのない座学ばかりというのは,生きた知識を備えた人材育成にはつながらない。要するに「わかっている,知っている」という人間で,「できる」ということにつながらない人間が育ってくるのだ。

　個々の授業をよくするというだけでなく,アクティブラーニングを個々の授業に入れるか入れないかというだけでもなく,カリキュラム全体の教育効果を考えて,座学とアクティブラーニングをどう配合していくかということを考えていく必要がある。つまりカリキュラム改革全体のなかでアクティブラーニングを考える必要があり,個別授業改善の手段としてのみアクティブラーニングをとらえるのは間違いである。「すべての授業をアクティブラーニングででき ま

すよ」,「すべての授業を少人数でできますよ」というのは,部局によっては専門科目については可能である。神戸大学でもそういう部局はあるが,すべての授業,教養教育・共通教育を含めて少人数で,アクティブラーニングで,双方向でできる部局・大学は,なかなかないのではないかと考える。

　私が非常勤講師としてお邪魔している私立大学でも座学の授業を担当しているが,学生に聞いてみると,「そうだなぁ,アクティブラーニングをやっている授業は半分もないですね」というし,実際にそうだと推察される。座学はどうしても残る。経営上の問題など,いろいろな問題で残る。だから,座学とアクティブラーニングをどう組み合わせていくかが問われるべきなのである。アクティブラーニングの授業ばかりになりえたとしてそれがいいとはいえない。もちろん座学ばかりでもまずい。どう有機的に配置するのかということである。

　後で申し上げる私のアクティブラーニングというのは,グループワークを中心にしたもので,先ほど申し上げたアウトプット型とアウトカム型の性格を併せもつものである。

5　私の失敗例（その1）―P大学におけるグループワーク

　グループワークをする際に,同じ試みをしている方々は悩んでおられることと推察するが,学生が仲のいいグループだけで固まってしまう傾向がみられる。特に女子学生は,仲のいいグループで固まってしまって,授業者が,興味・関心ごとによりグループをつくろうとしても「あの子があっち行くから私もあっち」ということにな

りがちである。たとえば，社会調査のアンケートをつくりなさいといったとしよう。「J-POP」について調べてみたいという子が一人，仲間のなかにいたら，「私もそれでもやろうか」と，大して関心のない周囲の学生も引きずられてそのグループに入っていくということになりがちである。そういう仲のいいグループで固まってしまうケースが多々みられるが，本来は異質な考えをもつ学生と相互交流をすることこそが必要であって，そういう学生と相互交流しないと真の意味でのコミュニケーション力の向上につながらない。少なからぬ学生は現代求められているコミュニケーション力の中身を誤解している。コミュニケーション力というのは，よくしゃべるかどうかということとまったく関係はない。異質なバックグラウンドをもつ人ときちんと会話できる，言葉のキャッチボールをできるということであるはずである。

たとえば家族でよく話すとか，友達の内輪でよく話すとか，バックグラウンドをお互いによくわかっている，似たようなバックグラウンドをもっている人とよく話すということではまったくない。この基本認識の誤りが現代の学生には相当みられる。

ところで，グループワークをやらせる際に，私は，自己評価と他者評価と同僚評価と3つの評価をやらせている。自己評価というのは当然，自分がどれくらい成長したか，自分がどれくらいチームに貢献したか，そういうことを自身に評価させるのである。同僚評価は，同じグループのなかの他のメンバーから「彼／彼女はちゃんとグループに貢献したかどうか」を評価させる。他者評価というのは他のグループからみて，そのグループのパフォーマンスがどうだったかということを評価してもらうもので，グループのメンバー個々

に対して行うものではない。

　これら自己評価，他者評価，同僚評価を交えて学生の状況をつかみながら，グループワークを私はやらせている。当たり前であるが，自己評価のほうが同僚評価よりも概して高い。要するに多くの学生は，「私は貢献した」，「私は頑張った」と感じているわけであるが，同僚からあまり評価されていない，その落差が非常に大きいというケースが多い。また，自己評価と同僚評価が近い個人，近いグループが，質の高いパフォーマンスをしているというケースが多いようである。

　先ほど述べたようにアクティブラーニングとか，グループワークとかについて述べる場合，もちろん自己評価は必要である。しかし，それだけが信頼できる指標であるとか，あるいはそれだけが利用可能な指標であるというのは，きわめて危険である。授業担当者が授業場面内だけで観察して評価するというだけでも問題がある。グループワークというのは授業時間外にも行われているのであるから，授業場面においては教員の目を意識して，すごく頑張っているポーズを取っているけれども，授業時間外のグループワークでは全然グループに貢献しない学生が存在するという問題がかなりあるからである。

　すでに述べたように学修支援については動機づけ，水路づけが重要である。アクティブラーニング，グループワークでもまったく同じであるが，「アクティブラーニングにさえすれば，学生が自主的に学び始める」というわけでは，決してない。「アクティブラーニングをしさえすれば，学生が成長する」ということでもない。すでに述べたことと重なるが，問題意識の発見，深化こそが学生の成長

の要件であり，学習の目的である（目標ではない）。したがって，アクティブラーニングなり，グループワークなりが，問題意識の発見，深化を促し，学生の成長を促すのであれば，非常に有効な手段であるということになるのだが，いくつかの条件がある。それを以下，明らかにしていきたい。

少なくとも，すぐわかることは動機のレベルによって，授業への取り組みだけではなく，予復習への取り組みも学習の質においても顕著な差異がみられる。

2013年末に東北大学へ調査に行き，理学部物理学科教授かつ総長特別補佐（教育国際交流担当）という肩書をおもちの山口昌弘氏にインタビューした。そのインタビューのなかにおいて，アクティブラーニングについても教えていただいた。山口氏の印象ではアクティブラーニングの経験が高校以下の学校段階で豊かな学生は，そういう時間に何をすべきか，何を求められているのかということをよくわかっているけれども，経験の乏しい学生は何をしていいかわからないようだということである。これは私の実感とも合致する。そういう学生はアクティブラーニングの授業時にとまどいがちになる。ただ，そういうとまどっている学生に，きちんと支援をしていかないといけない。「この授業ではこういうことをするのだ」，「こういうふうにしないといけない」とアドバイスをして，自主的な取り組みを促すのも，他者評価や同僚評価の役割のひとつである。

実際に，特に進学校の一部で，総合的な学習の時間というのが実は，自習の時間とか，進路指導の時間とか，英語の補習授業とか，座学の授業ばかりで，アクティブラーニングの授業を全然していないというところが結構あるようである。そういう学校から来た学生

は「この授業は何をするのですか？」、「何が目的なのですか？」、「どういうものを出したら評価をしてもらえるのですか？」、「どうしたらＳを取れるのですか？」と戸惑いをみせがちである。そういう学生には丁寧なインストラクションが必要である。

　アクティブラーニングに慣れていない学生は結構いる。私の知る限りでは、兵庫県・神戸市のいろいろな県立高校出身の学生でも例外ではない。「アクティブラーニングをしたことがない」、「どうしたらいいのか」という学生は結構いる。私のゼミ生でもいる。他の学生と討論しなさいといっても全然できない学生がいる。「そんなのしたことがない」というわけである。何をどう学ぶのか、そのために授業時間内、授業時間外に何をすべきなのか、そういうことについて、かなり丁寧にインストラクションしないといけない。授業への動機づけ、水路づけを含めてとても手間暇がかかる。アクティブラーニングといえば、学生にさせるから教員は楽だということではまったくない。私個人の感想でいえば、自分で一方通行の講義をする方がよっぽど楽である。

　さて、現在、東京大学の山内祐平氏らのご活躍もあり、反転授業・反転学習が非常に評判になっている。ただ、これは講義系の科目において非常に有効ではあるけれども、演習系の授業時間内での作業とかディスカッションなど、グループワークをもともと伴っている授業において、どのようにすればいいのか、これについてはあまり教えてくれるところのない試みである。

　私の経験でうまくいかなかったからこそいいたいのだが、動機のレベルの高い者が低い者を引き上げて、全体的な学習の質を高めてくれるのならありがたいけれども、残念ながら逆のケースが多いの

が実情である。つまり，動機のレベルの低い者が周りの足を引っ張って学習の質を下げるということである。この問題をどうするのかというのが，グループワークを取り入れた授業の大きな問題である。つまりグループ分けをどうするかは非常に重要な要素である。アクティブラーニングのようなラーニングスタイルを求めていない学生がしぶしぶ参加してきたときには，その学生本人のパフォーマンスの質が低くなるだけではなくて，周りの足を引っ張る。そういう場合，どうすればいいのかということが問題というわけである。

　これまた，私自身の恥ずかしい事例であるけれども，先ほどから出ている例をもう少し詳細に話そう。P大学という大学がある。これは大阪府下にある中堅の私立大学である。その大学の社会学部社会学科の2年次で，「社会調査B」という授業がある。1年次で，「社会調査A」という授業があって，これは座学で，社会調査の基本中の基本について学ぶ。調査用紙の作成法とか，サンプリングとか，あるいは単純集計，クロス集計とか，そういう基礎的な統計手法などを含めて学ぶ。「社会調査B」は，「社会調査A」で学んだ学習成果をもとにして，実際に質問紙を制作して，調査を実施して，分析して，レポートをまとめる授業である。つまり「社会調査A」で得た知識を実際に運用する能力を身につけるための授業である。「社会調査A」，「社会調査B」はともに社会調査士になるための資格取得のための科目である。この授業を通して身につけるべきスキルとか知識については，社会調査協会で定められた，かなりはっきりした基準がある。だから先ほどの言葉でいうと，ある意味アウトカム型である。ただし私の授業方法では，グループごとに，テーマは勝手に決めなさいという指示をしているわけであり，学生に投げてい

る側面もあるのでアウトプット型の要素も入っている。さらに，社会調査士になりたいのではないけれども，この授業を取るという学生もいる。そういう学生は楽しくグループワークができたらいいということのようである。少し曖昧な側面があるわけで，医学部の臨床系の科目とも性格が違う。

　平成25年度前期には私の授業においては32名の受講生がいた。4名ずつ8グループをつくった。あるグループは，P大学生が野球に対してどれくらい関心を持っているか調べたい。あるグループは，先述のJ-POPを調べたい。また，あるグループは，P大学生が携帯電話とかSNSにどれくらい関心があるのか，どれくらい普及しているかを調べたい。テーマごとに8グループつくったわけである。偶然，4名ずつになったに過ぎない。

　この授業では，私が最初に——「社会調査A」で学んだ知識がすべて身についているということではなくて，忘れていることもあるから——「社会調査A」の知識を確認する講義をしてから質問紙をつくって，プリテストをやって，そのプリテストの実施の結果をもとに質問紙を修正する。そして，本調査をやって分析して，グループでプレゼンテーションをさせる。そのプレゼンテーションのときに，他のグループの人からの批判があるので，それを踏まえてグループでレポート作成をするという順序で授業を進めた。プレゼンテーションの段階で，ほかのグループから「あのプレゼンはだめ」あるいは「あのプレゼンはいい」と評価をしてもらう。これが他者評価である。

　すでに述べたように，自己評価は同僚評価よりも高くなりがちである。ただ，重要な点は，同僚評価によって，授業場面以外での様

子がよくわかることである。同僚評価をやると，授業場面ではよくやっているようにみえるけれども，授業を離れた所でほとんどグループに貢献していない学生がいた場合，それがよくわかる。

同じグループになったときに，同一グループのメンバーはLINEやカカオトークなどのSNSでつながってもらって，作業を公平に分担するように指示するのだが，公平に分担できないグループがたくさん出てくる。

たとえば，野球に対する関心を調べたいというグループをつくったところ，4人集まった。皆，硬式野球部の部員である。4年生から2年生までいる。4年生は強面で知られるキャプテンである。それで，先輩が，「お前やれ」，「わかっとるやろな」と後輩に作業を押しつける。先輩は「フリーライダー」である。授業場面だけ，偉そうに指示して作業をしているようなふりをしているわけである。その陰で後輩が泣いている。同僚評価においても，「お前ら，評価頼むぞ」とキャプテンにいわれると逆らえない。グループのメンバー間に上下関係があるとそういう問題が発生するわけである。

グループワークで授業時間外の作業を求める場合，学生が課外活動とかアルバイトとかで忙殺されて忙しくてできないケースも多々ある。結果として，課外活動やアルバイトをしてない学生，まじめな学生に負担が偏る点も問題である。

なお，この授業では，グループごとにリーダーを選んでいる。リーダーは私が伝えたいことをメンバーに伝える窓口になる。あるいは各メンバーから出てきた意見，レポートを集約して私に伝える。そういう役割を担う学生を私はリーダーとよんだ。「リーダーシップを発揮して」という意味でのリーダーではなく，連絡役，窓口と

してリーダーを一人決めた。何もインセンティブがなかったら誰も引き受けようとはしないので，「リーダーには5点あげるよ」とささやかなインセンティブを提供して，何とか一人くらい，手をあげる「頓狂な者」がいて助かっている。

　もちろん，要領よく「共同成果」にうまく乗っかる学生もいる。先述のいわゆるフリーライダー問題についてどう対処していくのか。これはグループワークの重要なポイントであって，動機の低い者が高い者の足を引っ張り，学習の質を低める危険性がある。こういう問題にどうやって学修支援として介入して，学習の質を低めないで高める方向にもっていくか。これは非常に難しい問題であり，今，アクティブラーニングとかPBLとか，あるいはグループワークとか，ディスカッションとか，そういった環境に入れば，学生は能動的に学ぶ。それらを取り入れたら自動的に学生が学びに積極的になって学習の質が上がると考えられがちであるが，とんでもない誤解である。同僚評価はフリーライダーをある程度は発見させてくれるが，防ぐ手立てとしては不十分である。

　10年ほど前に，ある初年次教育に関するシンポジウムがあって，そこでひとつ厳しいことを述べた。他のパネラーの方々が「初年次教育は，少人数で双方向的です」と非常に自慢されるわけである。初年次教育の多くはアクティブラーニングを使って行われる。「授業評価がこんなに高くなっています」と，「みんな満足している，それに比べると他の講義系の科目はみんな低い」，つまり「初年次教育は成功しています」というわけである。だけれども私は，「そんな初年次教育は失敗ですよ」と申し上げた。その理由は次のとおりである。初年次教育で確かに学生は学びに積極的になっているか

もしれない。しかし，他の授業にその学びの積極的な姿勢が波及していない。他の授業に積極的に取り組むようにはなっていない。初年次教育での姿勢が他の授業にも波及して初めて，「初年次教育をやってよかった」といえる。初年次教育といえば教室でも人員でも，ものすごくリソースを要する。それだけリソースを配分されて，初年次教育をやるわけだから，その授業だけが評判がいい授業であっては困るわけで，ほかの授業にも波及効果を起こさないといけない。**つまり，個別の授業の改善でなく，カリキュラム全体の質的向上を論じるべきだと申し上げたのである。**同席しておられた名古屋大学の夏目達也氏も私と同じ見解を，名大を例にして述べられた。その結果，夏目氏と私はフロアからたたかれた。しかし，いまだに間違ったことをいったとは考えていない。

学びの積極的な姿勢を，そういう授業だけではなく，ほかの授業にも波及させなくてはいけない。すなわち，カリキュラム全体を論じる必要がある。個々の授業だけを論じていてはだめということである。そういうところから，冒頭にも述べたように，個々の教員が授業改善に憂き身をやつすということではなくて，組織としてどうやっていくかということを考える必要があるのである。すなわち，「チーム○○大学」として考えねばならないということである。

恥ずかしい例の紹介は，ひとまずここまでにしておく。

6　授業時間外の学修をどうモニターするか

授業時間外の共同作業をどのようにモニタリングするのか，これは難題である。専任教員でも難しいのであろうが，非常勤講師の場

合にはなおさら難しい。私の場合，たとえばいくつかのグループとは SNS，たとえば，フェイスブックや LINE でつながって，「どういうやりとりをしたのかチェックしますよ」と指示するのだが，すべてのグループが入れてくれるわけではない。「先生は入らないでください」といわれる場合もあるから，チェックできないケースもあるのだ。そこで，無理に入れてくれというわけにもいかない。どうすればいいのか。私は，自分のゼミに関しては，すでに多くの教員がやっておられるように，たとえばフェイスブックであるとか，あるいはその他の SNS で OB・OG も含めて，ゼミ生ほぼ全員が入って，そこで授業に関して，あるいはいろいろなことに関して意見交換をして，アドバイスをするということを 24 時間体制でやっている。非常勤講師の場合には，そこをどうするのか非常に難しい。おそらくは，学生に丸投げするということではなくて，教員が適切な環境づくりをするということが大事なのであろう。しかし，その環境のなかで学生が，「自分が学んで，自分で頑張って成果をあげられた」という達成感をもてるようにすることが非常に重要であり，逆にいえば「無理矢理やらされた」という感覚をもたないようにすることが非常に重要であると考える。その適切な環境づくりが極端に難しいのである。

　もちろん，「教員が決めたことを無理矢理やらされた」とやらされ感をもってしまう授業は失敗である。いかにすばらしい授業がなされたとしても，それでは失敗である。学生のまわりで環境を整える。それは教員として大事だけれども，「自主的に取り組んで成果をあげた」という達成感をもつことができること，それが学生の成長に関わる非常に重要なところだと考える。野村克也氏によれば，

成長とは自信をつけること，である。アクティブラーニングと銘打ちながら，やらされ感をもつような授業では成長につながらないだろう。しかし，これを私ができているということではなくて，私自身にとっても課題である。高みから述べているわけではない。

7 さらなる私の失敗例（その2）

最後に，「さまざまな課題」についていくつか例示したい。授業時間外学習の実態は，先ほど述べたように，授業時間内学習の実態から類推がつくとは限らない。授業時間内学習，授業時間外学習，これは単位制度の実質化に関わるので，現場の教員は強く求められているところである。シラバスに「時間外でこういうことを学習しなさい」と書き込んで学生にやらせるということだけでは十分ではない。私が以前に訪問した，とある大学で，「時間外学習に何時何分から何時何分まで取り組んだ」というポートフォリオを学生に書かせて，それを出させるというケースもあった。これについては一体どうすればいいのか，特にグループワークの場合，どうやったらいいのかという問題は深刻である。どうしても同僚評価が必要である。けれども，それで十分なのかという疑問は残る。

近年，神戸大学でも議論になっているのは，障碍者への配慮である。今，発達障碍も含めてだいたい10％くらいの学生が何らかの障碍をもっているといわれている。大学院も例外ではない。また，障碍の有無と知的能力の高低とは関係はないようである。

たとえば，大学院で双方向的な授業をしたいときに，論文を書かせたらすごい論文を書くけれども，コミュニケーション障碍あるい

は不安障碍だという院生がいる。だから全然知らない人といきなり「しゃべりなさい」といわれたりしたら、もうどうしていいかわからなくなって、どきどきして、動悸がして、めまいがして倒れるという院生だっている。私は、かつて神戸大学アカデミア館での放送大学兵庫学習センターでのスクーリングの際にそういった受講生を担当した。院生ではなく、学生であるが、不安障碍を抱えていた。これについては後ほど述べる。

　実際にそういった障碍者への配慮について、かつては個々の教員が頑張って対処していたわけであるが、2013年6月に「障害者差別解消法」(以下、「解消法」と略)という法案が成立して、2016年から施行される。国際条約で「障害者権利条約」という条約があるが、日本はまだ批准していなかった。先進国、G8の一員として日本も批准することを強く求められていたが、批准するためには国内法を整理することが必要である。そこで同法が成立したというのが経緯である。特に発達障碍の学生にどうやって配慮するのか、個々の授業場面でどうやって配慮するのか、あるいは学修支援に関してどうやって配慮するのか、といういろいろな問題が出てくる。大問題である。

　この「解消法」においては、2つの重要なことが決められている。ひとつは、「差別的取り扱いの禁止」である。これは義務である。障碍を理由に差別してはいけないということで、あたりまえのことである。ただもうひとつ、努力義務がある。「合理的配慮の不提供の禁止」ということである。教育機関の場合には、努力義務ではなく義務である。合理的配慮を提供しなくてはならない。だから、障碍が理由で学習に困難を覚えるという人には合理的な配慮、つまり、

学修支援を提供しなくてはならない。個別的な障碍の状況，あるいは教育ニーズに応じた配慮が必要になる。

　従来からこのようにいわれてきたわけではあるし，きれいにまとめればこうなるのだが，実際にはものすごく大変な作業を伴う。小・中・高の現場でも，ものすごく苦労をしている。同じ障碍でも学生個々の状況に応じていろいろな対応の仕方が求められる。ましてや，発達障碍の種類自体が，年々増えているわけである。新しい「○○障碍」というのが増えてきている。それを随時キャッチアップして，どう対処したらいいのか，学び続けなくてはならない。これは大変であって，個々の教員に任せるということではなく，組織として対処していく必要があるといわざるをえない。

　ここで，また私の恥ずかしい事例をあげる。これについては，具体的な名前を出さざるをえないのだが，放送大学や佛教大学で通信教育の課程を担当させていただいている。そういう大学では休暇期間中にスクーリング授業（面接授業）を行う。この授業では，当然のことながら，成人学生が多い。そういう人たちは，自分たちの人生経験に基づいて，こういうスクーリングで仲間に話をしたい。特に若い人たちに向けて語りたい。だから私が長々授業をしていると「先生，そろそろディスカッションにしてください」と要望を出される。普段クラスメイトにはなかなか会えないわけであるから，話をしたい，意見交換をしたいということである。アクティブラーニングをしたいというわけである。ものすごく意欲の高い積極的な人が多い。ただし，なかには，「そういうことをしたくないからこそ，こういう大学に来た」という学生もいる。両方のタイプがいる。どちらか片方のタイプだけであれば，対処の仕方もあるが，両方のタ

イプが混在していたら，どうしたらいいのかということになるわけである。こういうことについて，これからより具体的に議論していかねばならないということである。

　だから，私の講義の時には寝ていても，グループワークをしようとしたら，みんな嬉々として一斉に起きてきて活発に討論する。しかし，しばらくみていると一人ぽつんと浮いている人がいる。何かと思っていると，「いや，先生，私には無理です。コミュニケーション障碍なんです」，「不安障碍で医者から薬を処方されていて，これを飲まないと動悸・めまいがしてしまう。いきなり見知らぬ人と会話させないでください」といわれる。「そういうグループワークとかをしたくないからこそ放送大学に来たのです。そういうことができるなら普通の大学に行っています」と抗議する学生がいる。

　しゃべりたくてたまらない人としゃべることができない人，両極端が混じっている。その場合，授業担当者としてどうするのか，座学だけで済ませるのか，グループワークを入れてするのか。グループワークを入れてする場合，どうするのかなど問題は尽きない。

　私の場合，不安障碍で薬を処方されているという学生には，そばに付き添い，「気分が悪くなったらいつでも抜けていいから遠慮なくいいなさい」といっておいた。横に付き添ってずっと様子を観察していた。幸いその学生自身も「なんとか頑張ろう，周りに迷惑をかけたくない，自分のするべきことはしっかりやろう」という意識を強くもっていたので，何とか頑張ってくれて私も胸を撫で下ろしたが，そういう学生ばかりとは限らない。

　同じ授業で一人，コミュニケーション障碍か対人障碍か，正式な名前は聞かないまま別れてしまったが，「私はもうとにかく人と接

することができません。そういうことをするならもうこの授業をうけません」といって，怒って帰っていった学生もいる。

「学生一人ひとりのバックグラウンドに応じて学修支援を提供する」といえば，実にきれいなまとめである。しかし授業として，集団としてひとつのやり方を選んでやっていくとなると，犠牲になる者が必ず出てくる。これをどうするかという問題が出てくる。私が発達障碍，ある種の障碍をもっている学生にサポートをしなかったら，「提供すべき合理的な配慮を提供しなかった」となってしまう。どうするのか？

アクティブラーニングを導入したら，学生が能動的に学び出して成果をあげる，生きた知識を身につけるという楽天的な議論に，私が違和感を覚えるのはそこにある。実際やってみて──もちろん，私の授業技術が拙いからかもしれないが──ものすごく苦労をしているという感覚がベースにある。一方，障碍をもっていない学生は問題がないかといえば，そうではない。授業時間外の学習をグループワークでする場合，どうするのか。どうやってモニターするのか。非常勤講師として行っている授業例については先述の通りであるが，専任で授業を行っている神戸大学の場合においても，教養教育の場合，担当授業の時間帯しか，全員が集まってくる機会がない，他の時間帯においてみんな所属学部が別で連絡がつかないという場合，どうやってグループワークを授業時間外に進めていくのか。これは非常に大きな問題である。

8 ひとまずの結論

　まず時代の要請として，大学教育に求められることが「教える」から「育てる」へと移行したということである。「育てる」という理念はすでにパッケージ化された，定型化された「教えるべきこと」があって，それを効率的に学生に教え込む，型にはめるという授業ではなく，一人ひとりのバックグラウンドに応じたサポート，後押しを可能な限りするということである。

　個々の教員の授業技術はもちろん大事だけれども，それだけではない。組織として，集団として，「チーム○○大学」としてどうやって学生の学びに対して支援をしていくのか。組織としての姿勢を問われているということである。

　一方で，支援は大事だけれども，支援しすぎて学生が自律的な学習をしない，しなくても助けてくれるということになると，まさしく本末転倒である。支援をどういうタイミングで，どのように提供するのかということが大事で，ただやみくもに支援すればいいというものではない。

　要は，自主的に取り組めるような環境整備を教員，あるいは大学が行いつつ，学生が「自主的に取り組んで成果をあげた」と達成感をもてるようにすることが重要である。何かやり遂げたという達成感をもてる，そういう感覚をもてるようにしてやることが重要である。そういう感覚が自信につながり，成長につながるというのである。

　しかし，これは今申し上げたように，アクティブラーニングを導入すれば自動的にこういうことになるのではなくて相当な難題であ

るということを，拙い授業をして地雷を踏んできた経験から述べてきた。

　もし万人がアクティブラーニングを望むのならば，話は簡単である。アクティブラーニングが導入されたら，ある学生は授業により積極的に参加するようになるであろう。しかし自分の学習スタイルに合わない，合わせられないという学生は，アクティブラーニングが導入されたがゆえに「オリる」，ということになりかねない。アクティブラーニングには多種多様なものがあるが，いずれも必ず不適応者を生み出してしまう。逆にいえば，従来の講義形式というのは，画一的で単調になりがちな欠点はあれども，授業スタイルとして，特定の誰かを「オロす」ことになる危険性をもたず，万人が受講可能な形態であるともいえるのである。

　2014年末から2015年初めにかけてディズニーの『ベイマックス』という映画が大ヒットした。この映画には，主人公の亡き兄が主人公である愛弟のために制作したケアロボットなるベイマックスが出てきて，主人公にぴったり寄り添い身体的，精神的ケアをするのである。これから求められる学修支援も，「来たい人は来なさい」式の座して待つという姿勢ではなく，こちらから気になる学生・院生には積極的に声をかけて寄り添っていく，そういう学生・院生に寄り添う支援が求められるのではないだろうか。

　また，イギリスにおいてコネクションズ・サービスというものが展開されている。教育をうけず，職業にもつかず，職業訓練もうけていないいわゆるニートの若者（イギリスの場合は，少数民族，貧困層など社会的排除の対象となった若者が多く含まれる。ニートの年齢層

も，日本では16歳〜34歳に対して，イギリスは16歳〜18歳である）に対して，積極的に声をかけて，就労斡旋などのサービスを行い，社会的包摂を試みる，そういうサービスがある。私のイメージする学修支援もそれと近いものがある。

既述のサプリメンタル・インストラクションのように，開かれた支援が必要なのはもちろんであるが，サプリメンタル・インストラクションよりも一歩進んだ，学生・院生に寄り添う支援—これはまさに「言うは易し，行うは難し」であるが—を具体的にどう構築しえるのか？　これについては続巻で考察する。

付　記
　本稿は，神戸大学大学教育推進機構発行の『大学教育研究』第23号に掲載されたものの再掲である。

第 2 章

21世紀型の学力を目指した学修支援
―高等学校の学力階層と生徒指導上の課題に着目して―

原　　清治

　昨今，高等教育における「主体的な学修」を奨励する動きがさかんである。大学生を「学び」の世界へ移行させ，彼らを「つねに学修する主体」として育てることが高等教育の大きな目的として論じられることが多くなっている。中央教育審議会（中教審）の答申や教育再生実行会議においても，「学生の主体的な学び」を促すためのアクティブラーニングや反転学習を，大学のカリキュラムや授業に導入するように方向づける議論がなされていることは記憶に新しい。

　しかし，すべての大学生に「主体的な学び」を強制することにはいささかの疑念が残る。本章では，大学の前段に位置づく高校生の学力階層と生徒指導上の課題を取り上げながら，21世紀型の学力を目指した学修支援とは何かについて考えてみたい。

　結論を先取りする形になるが，大学生の学修には彼らの状況に応じた「支援」が必要となること，とりわけ，現代の若者が身につけなければならない力として，集団間の関係づくりに注目し，「橋渡し型」の社会関係資本を構築するための学習支援こそが今後の高等教育において重要な視点であることに言及してみたい。

1　学習指導要領の変遷と「学力」観

「脱ゆとり教育」を基底とした高等学校の新学習指導要領が，2014年度の新入生から学年進行で適用され始めている。教科の指導内容の拡充は置くとして，その特徴には，国語，数学，外国語といった幹となる教科に「共通」の「必履修」が設定されていることや，週当たりの授業時数について30時間以上を超えて授業を行うことができることなどが明確化されたことがある。これらの背景には，高校教育段階においても，「学力」の向上を企図した改革が進められていることがある。

学習指導要領はこれまで，子どもたちに段階的に知識を定着させるといった「系統主義」的な考えと，子どもたちの興味・関心を前提に学ばせる「経験主義」の間を振り子のように揺れ動いており（図2-1参照），時代によってそれぞれ「詰め込み」，もしくは「ゆとり」といったキーワードを伴いながらほぼ10年ごとに編成されてきたのである。

2　「学力」論はどのように変化したのか

学習指導要領の変遷の背景には，そもそも「学力」とは何かといった，学力そのものに対する学術的な定義づけと，学校で起こるさまざまな問題に対して，喫緊に身につけさせなければならない「力」とは何かといった問いに対する多様な価値に基づく教育施策をめぐる議論があった。

戦後間もないころから学力論争そのものは存在しており，田中耕

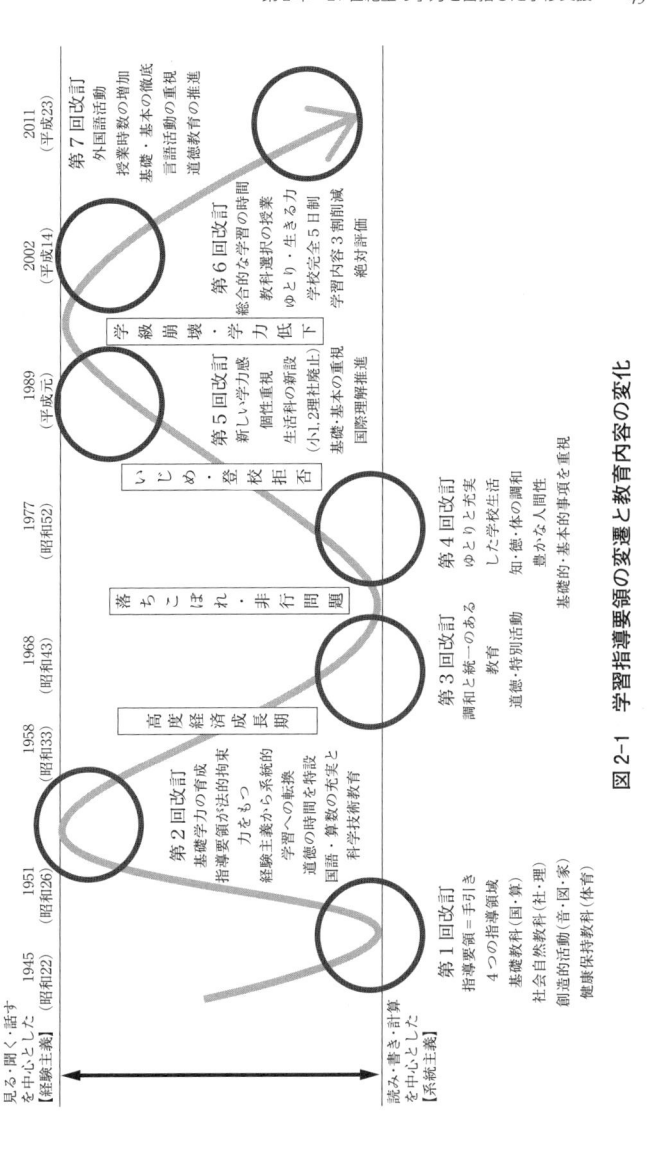

第2章　21世紀型の学力を目指した学修支援　43

見る・聞く・話す
を中心とした
【経験主義】

読み・書き・計算
を中心とした
【系統主義】

1945（昭和22）
第1回改訂
指導要領＝手引き
4つの指導領域
基礎教科（国・算）
社会自然教科（社・理）
創造的活動（音・図・家）
健康保持教科（体育）

1951（昭和26）
第2回改訂
基礎学力の育成
指導要領が法的拘束
力をもつ
経験主義から系統的
学習への転換
道徳の時間の特設
国語・算数の充実と
科学技術教育

1958（昭和33）
高度経済成長期

1968（昭和43）
第3回改訂
調和と統一のある
教育
道徳・特別活動

落ちこぼれ・非行問題

1977（昭和52）
第4回改訂
ゆとりと充実
した学校生活
知・徳・体の調和
豊かな人間性
基礎的・基本的事項を重視

いじめ・登校拒否

1989（平成元）
学級崩壊・学力低下
第5回改訂
新しい学力感
個性重視
生活科の新設
（小1, 2週休止）
基礎・基本の重視
国際理解推進

2002（平成14）
第6回改訂
総合的な学習の時間
教科選択の授業
ゆとり・生きる力
学校完全5日制
学習内容3割削減
絶対評価

2011（平成23）
第7回改訂
外国語活動
授業時数の増加
基礎・基本の徹底
言語活動の重視
道徳教育の推進

図2-1　学習指導要領の変遷と教育内容の変化

治は，それは大きく5つの時期に区分できると論じている[1]。すなわち，①「はいまわる経験主義」に対する批判としての基礎学力論争期，②「計測可能学力」と「態度主義」に関する論争期，③「学力と人格」をめぐる論争期，④「新学力」観をめぐる論争期，⑤「学力低下」論争期の5区分である。紙幅の都合上，要点のみを概観してみると，①・②の時期に共通するのは江戸時代から用いられる「読み・書き・そろばん」といった能力に「学習態度」や「日常生活への応用」といった新たな能力を「学力」の範疇ととらえるのかという定義づけに対する論争であったと理解できる。特に，②の時期の代表的な論者である勝田守一[2]の主張にある社会との関係を意識した学力モデルは，昨今，指摘されるキーコンピテンシーや社会人基礎力と同様に，1960年代の日本においてすでに論じられていた。

また，③，④の時期に共通するのは，広範な学力の定義の範疇であった「計測不可能」な学力をどのように計測するのかが論じられ，とりわけ③期では「人格」が人間の能力の大きな部分を占めるという論に対して，④の時期では思考力・判断力・表現力による知識の定着そのものではなく，どのようにそれを活用するのか，もしくは関心・意欲・態度などの学習に対する姿勢も大きな「学力」ととらえ，むしろこうした計測不可能な学力をいかに伸長させるのかが論じられたのである。

そして，⑤の時期の学力低下論は，OECD（経済協力開発機構）によるPISA（Programme for International Student Assessment：「生徒の学習到達度調査」）2003年の結果から，日本の子どもたちの学力が読解力を中心に世界のトップレベルから脱落したといった「PISA

ショック」によって,学力低下の議論はいよいよかまびすしいものとなり,冒頭の学習指導要領の改訂に至った。

　文部科学省は「ゆとり教育」のもとでも「確かな学力」の定着を謳い,基礎・基本的な知識・技能の確実な定着を「習得」,自ら学び考える力の育成を「探究」,知識・技能を生活場面で活用する力の育成を「活用」とした新たな学力形成の方略を示した[3]。その結果として,学校現場では学習時間の増加やドリル学習の流行といった詰め込み教育への揺り戻しがみられた一方で,PISA調査にみられるような活用型の知識習得や教科横断型の学習も推進されてきている。

3　これからの時代に求められる「力」とは何か

　学力低下論争以降,子どもたちに身につけさせなければならない「力」をめぐって,さまざまな角度からほぼ同じベクトルを向いた提案がなされている。文部科学省は「生きる力」や「人間力」という表現を用いるが,同様に経済産業省は「社会人基礎力」,OECDにおいては「キーコンピテンシー」,高等教育関連では「ジェネリックスキル」などがこれからの時代に求められる「力」とされている。しかし,それらの力を身につけるためには,いずれも,まず学校での知識習得型の学習が不可欠なものであることが前提となる。そのうえで,それらをいかに活用し,より大きな課題に立ち向かうのかといった「力」が求められている,という指摘は共通している。

　しかしながら,高校生の実態はどうだろうか。学校現場からは,友人間のつながりが希薄になってきたことを憂う声が大きい。未曾

有の震災を幾度となく経験すると、社会が絆や連帯の大切さを求める。それは、価値理念としてまったく間違いではないし、教育界でもコミュニケーション能力や集団を取りまとめる力の重要性が盛んに論じられる。ところが、集団の「つながり」を重視する学級経営がなされるほど、主体である生徒のなかに「つながる」ことに対する忌避や、「つながれない」ことへの自戒を示す事例が多くなるという皮肉な現実がある。

4 「つながれない」高校生の現実

近年、高校生が直面している生徒指導上の課題が複雑化してきている。高校生のケータイ所有は89.7％（うちスマートフォン：60.9％、ガラケー：28.8％）（表2-1参照）であるという実態は、ネットへの過度な依存を生み、リアルなコミュニケーションへの価値づけを低めてしまう結果を招いた[4]。ネット上は高校生にとっても規範意識が脆弱な空間であり、「ネットいじめ」などの人権侵害が起こりやすい。また、高校生の不登校や中途退学率は微減（図2-2参照）の状況にある。こうした実態に沿えば、それぞれの生徒指導上の課題が単独で発生するのではなく、むしろ重複し、相互に重なり合いながら

表 2-1　高校生における携帯電話所有率

スマホ	ガラケー	合計
60.9％	28.8％	89.7％
(n = 1,330)	(n = 628)	(n = 1,958)

(出所) 原清治・山内乾史・浅田瞳「ネットいじめの要因と実態に関する実証的研究」（日本教育学会第72回発表資料、2013.8.29）より作成

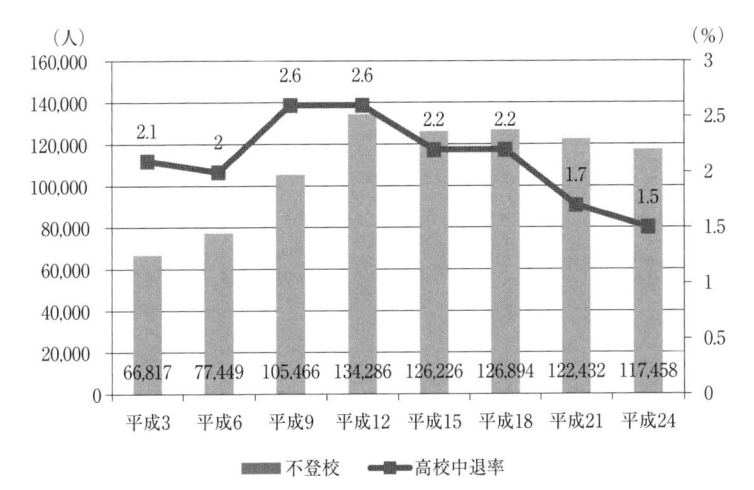

図 2-2　不登校者および高校中退率の推移

(出所) 文部科学省「平成24年度児童生徒の問題行動等生徒指導上の諸問題に関する調査」(http://www.mext.go.jp/b_menu/houdou/25/12/__icsFiles/afieldfile/2013/12/17/1341728_02_1.pdf　2014.5.28 アクセス) より作成

生起していること、また、問題行動はこれまでにも増して、それぞれの高校が置かれている学力階層に沿って特質を異にしていることなどを指摘することができる。

　具体的な事例をあげて考えてみたい。たとえば、2011年に大津市で起きた中学生のいじめ事件とその報道による影響の大きさは、この問題に関する社会的関心を高めただけでなく、教育委員会のあり方そのものに対する議論や、学校関係者に向けられる視線の厳しさを伴って進行した。しかし肝心の子どもたちの世界からは、問題の大きさに比して、いじめの影がなくならないどころか、それが原因と思われる痛ましい自殺の連鎖があとを絶たない。このように、最近のいじめがみえにくくなっている要因として、「一定の人間関

係をもつ仲間集団のなかにいじめが入り込みはじめた」ことがあげられる。かつてのように，どのグループにも属せない子をターゲットにして，集団から孤立させるといったタイプのいじめは少数化し，逆に，いつも一緒にいるグループのなかに「からかい」の対象となる子をつくり，ときに「遊び」や「ふざけ」の延長上に，いじめ行為を潜在化させてしまっているケースが多くなってきている。こうした行為の対象となる子が，いわゆる「いじられキャラ」である。その子は，本当は「いじられる」ことが嫌なのかもしれないが，その集団に属していたい願望から，「これは遊びなのだ」と自己を合理化し，ふざけの延長として自分も楽しんでいるかのように笑いで装ってしまう。すると，「いじって」いる側も，「いじめ」ている自覚や良心の呵責が薄らいでしまう。グループ内という閉鎖された関係のなかで，本人たちも無自覚のまま「いじり」と称した「いじめ」行為がとめどなく続き，次第にエスカレートしていくのである。

　学校で起こるいじめ（ここでは，ひとまず「ネットいじめ」と対比するために「リアルいじめ」と呼称する）の被害者となる子の特徴として，森口朗はクラス内のステイタスをあらわす「スクール・カースト」の下位に位置する場合が多いことを指摘している[5]。高校生がスクール・カーストを決定する要因には，面白さやコミュニケーション能力の強弱があるといわれ，成績や運動能力，容姿などのように判断基準が目にみえやすいものよりも，周囲の「空気を読めない（KYである）」ことがカーストを下げてしまう背景となる。とりわけ，高校生のリアルいじめは，本人の所属するグループがカーストのどの位置にあるのかによって，そのいじめられやすさが異なると指摘されている。

こうした現実世界（リアル）の行為がよく似た関係性を伴って，子どもたちのネット環境（バーチャル）のなかにも展開される実態が一般に「ネットいじめ」と称されるものである。「いじり」や「いじられ」のやり取りが，ケータイやスマホなどの通信機器を用いてネット上でも繰り返され，その行為そのものは，もちろん周囲からはみえない。ネットいじめの標的となった子は，学校にいる時間以外もネット空間を気にしながら，絶えずびくびくしなければならず気の休まる時がない。周囲からみれば，突然のように被害者の我慢が限界を超えて，不登校や中途退学の引き金を引いてしまうことにもつながるのである。

5 問題行動と高校の学力階層との関係
―生徒指導上の諸課題の特質―

ここでは筆者を代表として2013年に行った近畿圏の高等学校を対象とした「ネットいじめに関する大規模調査」（サンプル数1,528人）の一端から，いわゆる大学進学実績の高い「学力上位校」（以下，上位校と表記）と「進路多様校」（同様に，多様校）の違いについて考え

表2-2 高校階層別ネットいじめ発生率

	たくさんある	時々ある	たまにある	ほとんどない	まったくない
上位校	0.8% (n=11)	2.1% (n=29)	4.6% (n=63)	19.1% (n=262)	73.4% (n=1,008)
多様校	1.0% (n=7)	1.5% (n=10)	4.2% (n=29)	17.5% (n=120)	75.8% (n=520)

$\chi^2=2.393$, df=4, p=0.664

表2-3 ネットいじめの内容（複数回答）

	中傷メール	ブログ	裏サイト	個人情報	画像流出
上位校	3.9% (n=4)	18.4% (n=19)	3.9% (n=4)	15.5% (n=16)	6.8% (n=7)
多様校	4.3% (n=2)	28.3% (n=13)	0.0% (n=0)	30.4% (n=14)	4.3% (n=2)

てみたい。

　ネットいじめの発生率には高校階層による有意差はみられず，上位校（7.5%）でも多様校（6.7%）にあっても一定数が「ネットいじめをうけた経験がある」と回答している（表2-2）。しかし，その内容や影響を及ぼす変数について，上位校と多様校では有意差のある項目が散見された（表2-3）。

　この結果をみると，上位校のネットいじめの特徴としては，学校裏サイトへの投稿（上位校3.9%：多様校0%）や画像流出（同6.8%：4.3%）など，被害者に関するネタをネット上に「さらし」てみんなで笑うといった類が多いことが指摘できる。自由記述欄には，「名指しこそしていないが，読めば自分とわかる内容がたくさん書かれていた」といった回答が寄せられている。それに対して，多様校では，直接，ネットいじめの対象となる子の誹謗中傷をブログに書き込んだり（上位校18.4%：多様校28.3%），個人情報の流出（同15.5%：30.4%）などが多く，中には，人権侵害にあたるような内容も少なからず発生している傾向がみてとれる。

　こうしたネットいじめの実態から浮かび上がってくるのは，高校の学力階層によって生徒指導上の課題に違いがみられることである。「ネットいじめ」という現象を切り取ってみても，学力上位校と多

様校とでは，その内容や対応方法も異なり，どの学校でも応用できるような汎用性のある指導法を見出すことは非常に難しい。雑ぱくではあるがあえて整理をしてみれば，学力上位校においては，グループによる派閥があったとしても，それがカーストとよばれるような序列を強くもつわけではなく，グループ内あるいはグループ間の上下関係を区別することは難しい。したがって，重篤ないじめなどの問題行動が起こりやすい条件があるわけではないが，むしろ「いじり」や「さらし」のような軽微（にみえる？）課題への細かな対処が求められる。しかし，多様校では，所属するグループ内において自分がどの位置にいるのかや，自分が所属するグループがいかなるカーストに位置しているかを巡った個人攻撃や，「いじめ」のような順位確認作業が頻発しやすく，ひとつの問題行動が連続して次なる課題を生じさせやすい。ただ，あくまでそれは「いじめ」とはみえないような工作がされていることが多く，こうした環境条件を前提とした生徒指導が計画的，継続的になされなければならない。しいていえば，多様校においては，グループ間でも個人間でも形成されている既存のカーストを解体するような方略が求められるのである。

　近年のネットツールは子どもの人間関係のあり方を変えた。従来の対面型のコミュニケーションであれば，相手の表情などから行間を読むことができた。しかし，パソコンやスマートフォンなどでのコミュニケーションでは誤解が生じやすい。さらに，若い世代はいつの時代も仲間内でしか伝わらない多義性をもたせた言葉を作り出し，その言葉をどう解釈するかは受け手の側に委ねられている。それがネットツールを介することで，いっそう誤解を生む機会を増幅

させている。だからこそ、現代の子どもたちは、仲のよい友達に対するほど気を遣い、相手が自分をどう思っているのか不安になるのである。そのため、いつもネットでつながっているわりに仲間同士の帰属意識が弱く、数多くのグループとのつながりをもっていないと怖くなる。

　ネットいじめの調査における自由記述欄からも、高校生の「つながり」に対する複雑な感情を読み取ることができる。「無理してでも LINE のグループに入っていないと、友達がいないヤツと周りに思われるから」といった同調圧力に悩む高校生の声である。最近では、大学の食堂に設けられた「ぼっち席」（多人数席の中央に「仕切り」を設けることによって他者の目を気にせずに一人ぼっちでも食事ができる席のこと）に、この席をあえて選択して座る学生が多い。「つながる」ことが大切であると強調され続けると、逆に、いじめられたり、いじられたり、果ては「一人でいる自分は人としてダメなのかも」といった解釈が先行し、他者からの視線を恐れながら、孤立することを極端に避けようとしている高校生が多くなるのである。こうした実態は、時代が求める「力」に逆行しているのかもしれない。

6　社会関係資本の重要性

　ここでもう一度、社会が「つながる」力を求める理由について考えてみたい。教育学ではこのような「つながり」を「社会関係資本（social capital）」と言い換えることがある。「社会関係資本」には信頼関係やネットワークをつくる力のような肯定的な側面と、しがら

みや個人を拘束するような否定的な側面があり,「グループ内ないしはグループ間の協力を容易にさせる規範・価値観・理解の共有を伴ったネットワーク」と定義されている[6]。また,学力を向上させる要素のひとつにもこの社会関係資本があるという先行研究は多い。とりわけ,志水宏吉は多様な人間関係が構築できている地域や学校,家庭に育った子どもは,経済的・文化的に厳しい家であっても一定の学力が担保できていることを明らかにしている[7]。また志水は「効果のある学校」論を基底にして,たとえばクラス内の人間関係がどのように構築されているのか,それが当該の生徒にどのようなかかわりをもっているのかによって,学力への影響があることを論じている。

昨今,学校現場でさかんに実践されている協働学習（グループワークや発表を重視した学び）などは,集団での結びつきを強めるための方略であり,教育の効果測定においても協働的な学びを前提とした実践から導かれるものが多くを占めている。

7　子どもや若者に必要な「つながる」力とは何か

最後に,今後子どもや若者に求められている「つながる」力とその意味について言及して本章を締めたい。

確かに集団を前提とした協働学習の展開はPISA 2012の結果などからも明らかなように,教育効果を発揮し始めていると理解できる。それは,自分だけの学びでは思いもつかなかったような他者の意見を参考にしながら,複眼的に思考できるようになることのもつ効果と換言される。また,こうした学習の副次的な効果かもしれな

いが，高校生や大学生のなかに主体的に集団をまとめ，行動できる子が漸増してきているようにもみえる。

　しかし，それらは同じグループ，同じ学年，同じ学校という一定の枠組みのなかにある限定的な「つながり」であるような印象をぬぐえない。社会関係資本を論じる研究のなかでパットナム（R. Putnam）は，集団の凝集性を高める「結束型」の資本と，異なるグループをつなげる「橋渡し型」資本の違いを指摘している[8]。前者は排他的なアイデンティティと等質な集団を強化するものであり，内向きの志向ではあるものの集団内の互酬性と連帯を高める点に長じている。それに対して後者は，異なる外部集団をまとめたり，広範囲の情報共有にすぐれており，大きな集団へ向けたアイデンティティを構築する。高校生から大学生にかけての時期に求められている「つながり」力とは，後者の「橋渡し型」に思いを致すことではないだろうか。

　最近の子どもたちをみると，人間関係が2～4人程度の小グループに分断され，さらに同質性を伴っていることが特徴である。これを宮台真司は「島宇宙」と名付けた[9]。その宇宙空間に浮かぶ個々の島の間には，相互に驚くほどの無関心しかない。しかし，目を島の内部に転じると，そこにある人間関係への執着は非常に強く，現実世界でもネットの世界でも「つながる」ことが強要されているようである。その意味において，高校生は「結束型」の社会関係資本をしっかりと身につけてきているのである。

　しかしながら，自分の島の外にある，異なった島にも目を向けたり，ましてや，島同士をつなげることのできる若者はどのくらいいるのだろうか。いじめをうけている生徒や，人間関係がうまく取り

結べずに教室で立ちすくむ他者に対して、思いやりの心をもって「うちのグループに来たらいいよ」と声をかけることのできる高校生は残念ながら意外に少ない。

 キャリア教育を重視する機運が高いが、学校から社会へ移行するときに求められる「力」には、本章の前段にみてきたような基盤となるべき知識、いわゆる測定可能な学力と、もう一方で社会関係資本に代表される人間関係構築力のような測定できない力とがある。その両方が備わった時、その威力は倍増する。労働の世界は、自分たちとはまったく異なる価値観をもった多くの存在があることが前提である。しかし「島宇宙」のなかでしか「つながる」ことができないのであれば、労働世界に移行する前の段階で身につけておくべき力にどこか問題があったということになる。

 学力を議論しすぎるとみえなくなるものがある。それは、人間関係のとりわけ「互酬性」ともいうべき側面である。前林清和の指摘を借りれば、win-winの人間関係をつくるためには、人から何かしてもらったのなら、こちらからも何かの形で「お返し」をするといった「互酬性」こそが人間関係の機微であるという[10]。この当たり前にみえる行為の意味を理解することこそが、労働世界に移行する前の段階で求められる力なのかもしれない。そのためには、他者を思いやる心をどう育てるのか。紙面でいうのはやさしいが、今どきの若者たちにはなかなか理解しにくい難問でもある。

付記
　本章は原清治「学力論の変遷と高校生に求められる『力』」(『月刊高校教育』2015年5月号、学事出版、pp.26-30)および「複雑化する生徒指導諸課題の特質―ネットいじめの実態を手がかりとして―」(『月刊高校教育』

2014年8月号，学事出版，pp. 22-25)に大幅な加筆修正を行ったものであり，文部科学省科学研究費補助金基盤研究(c) 24531082 (2012-15年)，佛教大学特別研究費 (2012-13年)，佛教大学総合研究所共同研究プロジェクト「いじめの実態と児童・生徒への支援のあり方に関する総合的研究」(2014-17年)の研究結果の一部である。

注
1) 田中耕治 (2008)『教育評価』岩波書店, pp. 95-120
2) 勝田守一 (1973)「人間の能力をどうとらえるか」『勝田守一著作集6　人間の科学としての教育学』国土社, pp. 25-79
3) 石井英真 (2010)「学力論議の現在—ポスト近代社会における学力の論じ方」松下佳代『〈新しい能力〉は教育を変えるか』ミネルヴァ書房, p. 141
4) 原清治 (2013)「いじめ問題はなぜ解決できないのか」『児童心理』第67巻12号, 金子書房, pp. 13-21
5) 森口朗 (2007)『いじめの構造』新潮新書, pp. 10-15
6) 稲葉陽二 (2011)『ソーシャル・キャピタル入門』中央公論新社, p. 24
7) 志水宏吉「社会関係資本と学力」pp. 19-20
http://www.mext.go.jp/component/a_menu/education/micro_detail/__icsFiles/afieldfile/2014/02/17/1344295_014.pdf (2015年3月10日閲覧)
8) Putnam, Robert D. (2001 = 2006) *Bowling Alone: The Collapse and Revival of American Community*, Simon & Schuster. (柴内康文訳『孤独なボウリング』柏書房)
9) 宮台真司 (1994)『制服少女たちの選択』講談社, pp. 246-247
10) 前林清和 (2009)『Win-Winの社会をめざして』晃洋書房

第 3 章

学修支援の視点に立った保育者養成校の授業構築
―協同学習と絵本を活用した論理的思考力の育成に注目して―

高橋　一夫

　これまで『学生の学力と高等教育の質保証』において，短期大学を取り巻く環境や短期大学生の特徴について述べてきた。そこでは，短期大学への入学を希望する高校生や，短期大学生のもつ資質をより詳細にとらえるために，短期大学が置かれている社会的な状況を概観した。そして，学生の資質として求められているアカデミック・スキルズのひとつである，文章作成能力の向上を支援する方策について論じた[1]。

　それらの論考から得られた知見をもとに，さらに本論では，ディプロマ・ポリシー（卒業認定・学位授与に関する方針）に基づいた学習成果を，学生が得ることができるように設計した授業の取り組みについて考察したい。具体的には，保育者養成校である短期大学で開講されている，幼稚園教諭免許状および保育士資格の取得に関わる授業の取り組みについて，学修支援の側面から論じる。

　まず，保育職に就くための免許と資格に関わる授業の設計について考察を始める前に，学修支援という表現について整理してみたい。学修支援の具体的な内容として，2009年の中央教育審議会大学分科会「中長期的な大学教育の在り方に関する第2次報告」では，「学

習・生活習慣に課題がある者の個別ニーズを適切に把握・支援」、「増大する相談へのニーズや必要な支援に即応できる学生相談体制の充実」といった事柄をあげている。

また、橋場ほか (2014) は、学修支援という表現が学生支援における多様な領域のひとつであることを示したうえで、学修支援とは「学習を促進するための条件整備や各種能力開発などの目的で、大学設置基準第 42 条に基づいて実施される正課外における支援としてとらえられる」と指摘している。つまり、学修支援とは本来、正課での教育活動を含まずに、学生に対して行われている支援であると理解できる。

しかし、近年の初年次教育やリメディアル教育などの領域において、正課での教育活動における工夫なども学生支援の在り方のひとつとしてとらえられ、研究成果の蓄積が進んでいる。したがって本章では、学修支援を正課の教育活動をも含めた視点でとらえ論じることにしたい。

1 保育者養成校におけるディプロマ・ポリシー

保育者養成校が掲げるディプロマ・ポリシーとしては、どのような事柄が示されるのかについて考えた場合、当然ながら「保育者に求められる資質」を備えた学生に対しての学位授与であることが絶対要件として想定される。それでは「保育者に求められる資質」とは、具体的にどのような事柄を指しているのだろうか。保育者養成校におけるディプロマ・ポリシーについて考える場合、「保育者に求められる資質とは何か」という議論を抜きにすることはできない。

まず、保育者養成校を取り巻く昨今の現状について整理しておきたい。日本社会における大きな状況の変化としては、2012年に「子ども・子育て関連3法案」が成立したことがあげられる[2]。そして、それらの法律の成立をうけて、幼児教育や保育、地域の子育て支援の量的拡充と質的向上を進める「子ども・子育て支援新制度」が、2015年4月に始まった[3]。新制度への移行にあたっては、以前より議論されている「認定こども園」や、そこで働く保育者の要件などについても触れられている。

たとえば、幼保連携型認定こども園の職員である「保育教諭」の場合であっても、幼稚園教諭免許状と保育士資格の両方を有することが原則とされているが、免許状と資格のどちらかだけを有していても、保育者として勤めることができる経過措置がとられるとされている[4]。

したがって、現時点において「保育者に求められる資質」の具体的な内容を考える場合、現行の『幼稚園教育要領』および『保育所保育指針』にある記述に根拠を求めることができるだろう[5]。それでは、『幼稚園教育要領』および『保育所保育指針』には、保育者の資質とはどのように記述されているのだろうか。まず、『幼稚園教育要領』の第1章「総則」を確認すると、以下の記述をみることができる。

　　教師は幼児との信頼関係を十分に築き、幼児と共によりよい教育環境を創造するように努めるものとする。これらを踏まえ、次に示す事項を重視して教育を行わなければならない。
　　幼児は安定した情緒の下で自己を十分に発揮することにより

発達に必要な体験を得ていくものであることを考慮して，幼児の主体的な活動を促し，幼児期にふさわしい生活が展開されるようにすること。

　幼児の自発的な活動としての遊びは，心身の調和のとれた発達の基礎を培う重要な学習であることを考慮して，遊びを通しての指導を中心として第2章に示すねらいが総合的に達成されるようにすること。

　幼児の発達は，心身の諸側面が相互に関連し合い，多様な経過をたどって成し遂げられていくものであること，また，幼児の生活経験がそれぞれ異なることなどを考慮して，幼児一人一人の特性に応じ，発達の課題に即した指導を行うようにすること。

　その際，教師は，幼児の主体的な活動が確保されるよう幼児一人一人の行動の理解と予想に基づき，計画的に環境を構成しなければならない。この場合において，教師は，幼児と人やものとのかかわりが重要であることを踏まえ，物的・空間的環境を構成しなければならない。また，教師は，幼児一人一人の活動の場面に応じて，様々な役割を果たし，その活動を豊かにしなければならない。

さらに，『保育所保育指針』第7章「職員の資質向上」においては，保育者の資質について以下のように述べられている。

　㈠　子どもの最善の利益を考慮し，人権に配慮した保育を行うためには，職員一人一人の倫理観，人間性並びに保育所職員

としての職務及び責任の理解と自覚が基盤となること。
㈡　保育所全体の保育の質の向上を図るため，職員一人一人が，保育実践や研修などを通じて保育の専門性などを高めるとともに，保育実践や保育の内容に関する職員の共通理解を図り，協働性を高めていくこと。
㈢　職員同士の信頼関係とともに，職員と子ども及び職員と保護者との信頼関係を形成していく中で，常に自己研鑽に努め，喜びや意欲をもって保育に当たること。

　以上のように『幼稚園教育要領』や『保育所保育指針』を確認すると，そこで示されている保育者に適した資質とは，非常に高度な専門性を有した全人的な人間であることだと理解できる。確かに保育者とは，諸外国では国家の経済成長戦略の鍵としても注目されている就学前教育に携わる人材であり，そして，未来の国民を育てる重要な人材であることからも，非常に高度な資質が要求されることは理解できる[6]。
　しかし，保育者の養成に割くことができる時間は限られている。特に保育者養成校である短期大学では，2年間という限られた時間のなかで学生が保育者の資質を獲得できるようにしなければならない。したがって，無駄がなく効率的なカリキュラム・マップの構築が求められる。各科目間の関係を十分に整理したうえで，それぞれの科目の特性を生かした設計が必要になる。加えて，各科目の授業内容において，学生の学習成果を最大限に引き出すための工夫が重要となる。
　そこで本章では，保育者養成校である短期大学で開講されてい

る，保育の技術を習得するための科目「言語表現」における授業設計について取り上げる。授業設計には大きく2点の工夫があり，それは「保育者に求められる資質」である言語表現能力の獲得を支援するための協同学習の視点に立ったグループでの学習活動と，絵本を活用することで論理的な思考力を引き出す学習方法の導入である。次に，その2点について論じることにする。

2　カリキュラムにおける「言語表現」の位置づけ

　まず，保育者養成校のカリキュラムにおける「言語表現」という科目の位置づけを確認しておく。「言語表現」という科目の設定には，平成20（2008）年の『保育所保育指針』の改定と，それに伴い平成22（2010）年に保育士養成課程等検討会の「保育士養成課程等の改正について（中間まとめ）」において示された内容が大きな背景となっている。

　その「中間まとめ」では，日本社会における子どもや家庭を取り巻く環境の変化，保護者の就労状況などの多様化，多様化・複雑化した児童・家庭問題への対応，保育現場の教育的機能や子どもの発達保障への期待，次世代保育者の育成支援の観点などに応えるためには保育者の専門性の向上が必要であると示されている。

　さらに，保育者養成校におけるカリキュラムの変更点が示されており，そのなかのひとつに，「子どもの表現を広くとらえ，子ども自らの経験や周囲の環境との関わりをさまざまな表現活動や遊びを通して展開していくことが重要であることを踏まえ，このような子どもの表現に係る保育士の保育技術を修得する教科として『保育表

現技術』に名称を変更する」とあり,「現行の『基礎技能』の内容にある音楽,造形,体育を,音楽表現,造形表現,身体表現,言語表現とするが,これらに関する表現技術を保育との関連で修得できるようにすることが必要である」とされている[7]。また,具体的な授業内容としては,別紙2[8]において以下のように示されている。

---

4. 言語表現等に関する知識や技術
(1) 子どもの発達と絵本,紙芝居,人形劇,ストーリーテリング等に関する知識と技術
(2) 子ども自らが児童文化財に親しむ経験と保育の環境
(3) 子どもの経験やさまざまな表現活動と児童文化財等とを結びつける遊びの展開

これらをうけて,保育者養成校ではカリキュラムの改正が実施され,科目名称は各養成校においてさまざまであるが,「言語表現」という科目が設定されたのである。ただ,以前からも「言語表現」の内容に関わる科目は存在している。たとえば「保育の内容・方法に関する科目」には,「保育内容演習(言葉)」が設定されている。子どもたちの発達を見る側面として「健康」「人間関係」「環境」「言葉」「表現」の5つの領域に区分されており,そのひとつが「言葉」である。それでは「言語表現」との違いは何なのだろうか。

「保育内容演習(言葉)」で使用されるテキストには,「言葉」の領域で大切にしたい方向性が3つ示されている[9]。それらは,「子どもたちが自分の気持ちを言葉によって表現しようとするようになること」,「保育者や周囲の友達の言葉や話をよく聞き,自分の体験や

考えを話せるようになること」,「絵本や物語にふれることによって,言葉による文化を理解し親しめるようになっていくこと」と示されており,「保育内容演習（言葉）」のねらいが子ども自身の言葉の獲得に焦点が当たっていることが理解できる。

つまり,「保育内容演習（言葉）」とは,子どもの成長を「言葉」という視点からとらえた場合の保育者の在り方を学習する科目であり,その学習内容は,子どもが他者とのコミュニケーションができるようになる「言葉」の獲得を,保育者としてどのように支えるのかが中心となっている[10]。

「保育内容演習（言葉）」以外にも,保育者養成校のカリキュラムでは,当然ながら子どもの育ちに注目した科目が多数設定されている。さまざまな側面から子どもの育ちをとらえ,保育・幼児教育を展開すればよいのかを十分に学習できる構成になっている。子どもの視点に立った状況の理解や,子どもがどのように話そうとしていたのか,などについて,即座に理解し,支える力が十分に養われるよう工夫がなされている。

しかし,保育者自身に求められる言語に関わる表現技術としては,子どもたちの成長を支援する側面だけでは十分ではない。職員同士のコミュニケーションをはじめ,保護者や子どもを見守る専門的な諸機関との連携が必要であるため,その時に必要なコミュニケーション・スキルが獲得されている必要がある。

そこで「言語表現」においては,保育者自身に求められる職業人として必要不可欠と考えられるコミュニケーション・スキル,つまり情報分析力と論理的思考力の獲得も,授業設計における視点のひとつとして位置づけた。図3-1は,保育者養成校におけるカリキュ

ラムのなかで,「言語表現」に関連する科目群との関連性を整理したものである。図からも「初年次教育に関する科目」,「基礎教育に関する科目」,「実習」などといったさまざまな科目のなかで,「言語表現」に関わる学びが行われていることがわかる。

「言語表現」における学習内容としては,前述の「中間まとめ」では絵本などの児童文化財についての知識や技術を獲得することが示されている。繰り返しになるが,この点においては「子どもと絵本」や「保育内容演習(言葉)」などの科目において十分に学習できる機会が用意されており,実際の保育現場で学習する「保育実習」

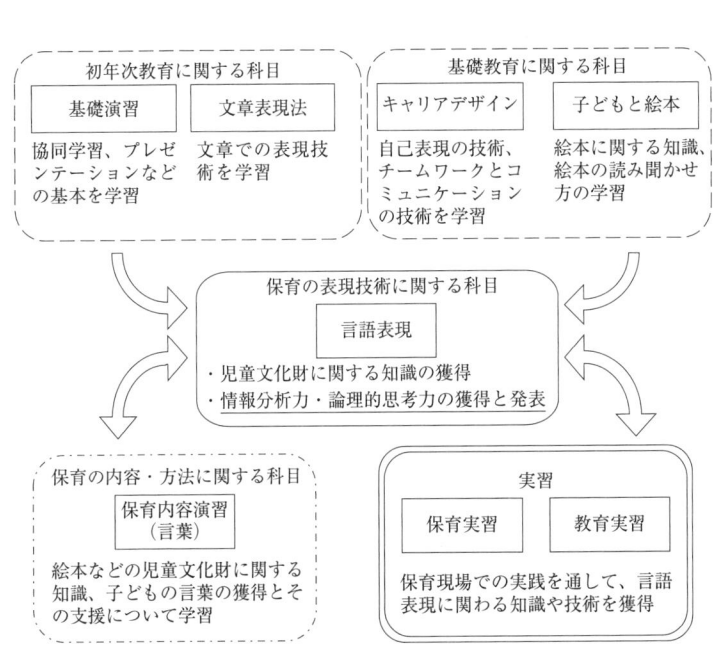

```
┌─────────────────────────────┐  ┌─────────────────────────────────┐
│  初年次教育に関する科目       │  │  基礎教育に関する科目            │
│  ┌────────┐  ┌────────┐    │  │  ┌──────────┐  ┌──────────┐   │
│  │ 基礎演習 │  │文章表現法│    │  │  │キャリアデザイン│ │ 子どもと絵本 │   │
│  └────────┘  └────────┘    │  │  └──────────┘  └──────────┘   │
│  協同学習、プレ  文章での表現技   │  │  自己表現の技術、 絵本に関する知識、│
│  ゼンテーション  術を学習        │  │  チームワークとコ 絵本の読み聞かせ │
│  などの基本を学習               │  │  ミュニケーション 方の学習        │
│                             │  │  の技術を学習                    │
└─────────────────────────────┘  └─────────────────────────────────┘
                    ↓           ↓
              ┌──────────────────────────┐
              │  保育の表現技術に関する科目  │
              │     ┌──────────┐         │
              │     │  言語表現  │         │
              │     └──────────┘         │
              │ ・児童文化財に関する知識の獲得│
              │ ・情報分析力・論理的思考力の │
              │   獲得と発表               │
              └──────────────────────────┘
                    ↓           ↓
┌─────────────────────────┐  ┌─────────────────────────────┐
│ 保育の内容・方法に関する科目 │  │          実習              │
│   ┌──────────────┐      │  │  ┌────────┐ ┌────────┐    │
│   │ 保育内容演習  │      │  │  │ 保育実習 │ │ 教育実習 │    │
│   │   (言葉)     │      │  │  └────────┘ └────────┘    │
│   └──────────────┘      │  │  保育現場での実践を通して、言語│
│  絵本などの児童文化財に関する│  │  表現に関わる知識や技術を獲得 │
│  知識、子どもの言葉の獲得とそ│  │                           │
│  の支援について学習         │  │                           │
└─────────────────────────┘  └─────────────────────────────┘
```

図 3-1 「言語表現」と関連科目との関係性

や「教育実習」では実践知を獲得することも可能である。

　しかし，保育者が職務を遂行するに当たって必要となる表現技術や，論理的な思考力・客観的な情報の分析力の獲得に関しては，十分な学習機会が設定されていなかったと指摘できる。そのため「言語表現」の授業設計においては，児童文化財についての知識・技術の獲得と同時に，情報の分析を通して論理的な思考力を獲得する課題を設定した。次に，「言語表現」で実践している学習課題の内容について紹介する。

3　絵本を活用した論理的な思考力の獲得

　日々の学習活動のなかで学生と接していると，学生自身の考えを自由に述べることができるようになっていると感じる反面，「そのように考える根拠は何か」と尋ねると学生はうまく答えられないと感じることが多い。確かに，物事を感じたままに自由に表現することができることは，保育者を目指す学生にとって悪いことではない。それは，保育現場にいる子どもたちの素朴で純粋な表現を，十分に受け入れる土壌が整っていると指摘できるからである。

　しかし同時に，自身の意見の根拠になることを説明することや，子どもの様子から取得できる情報を客観的に分析することも保育者には求められる。そこで，情報の分析を通して論理的な思考力が獲得できるように，三森ゆりかの知見を援用し学習課題の設計を行った。

　三森ゆりかは，自身の経験から日本においても欧米と同様の言語技術と読書技術に関する教育が必要だと考え，絵本を活用しながら

情報の分析を行い,論理的な思考力を養成する実践を提案している[11]。絵本に描かれている挿絵と,物語が書かれている文章の2つの側面から情報を分析し,論理的に根拠を考えていくという教育実践である。

たとえば,挿絵については,描かれている一場面を観察し,そこに描かれる登場人物について,場面全体の設定について,さらには色彩や色調,絵のタッチや構図に至るさまざまな視点から考察しなければならない。また,文章については,物語全体を通してどのような文章構造になっているのか,プロットは何か,誰の視点から語られているのか,文章からわかる物語の設定はどのようになっているか,作品のテーマは何なのか,などについて考察をする。絵と文章の分析において重要なことは,「なぜ,そのように考えたのか」という根拠を必ず提示する必要があるという点である。

三森の知見を援用した理由は,大きく2つある。ひとつには,学生たちに馴染み深い児童文化財である絵本を活用することができる点である。2つめは,論理的な思考力を獲得できる道筋が明確に示されている点である。

保育者養成校の学生の特徴として,中高生という比較的早い時期から,保育職を将来の職業として考え,保育者養成校への入学を決定する学生が多い点があげられる。そのため,保育・幼児教育に直接的に関わる学習内容については,非常に積極的である。その反面,社会人として必要不可欠な知識・技術といった,必ずしも保育・幼児教育に直接的に関わらないスキルに対しての学習意欲が低くなる傾向にある。したがって,情報を分析し論理的な思考力を養成するために,たとえば小説や論説文などの読解や問題集を解くといった

学習内容では，学習に対する積極性を十分に誘発できない可能性がある。しかし，保育者養成校の学生にとって馴染みが深く，興味関心の高い絵本を活用できる学習内容であれば，その危惧を解消することができる。

さらに，絵や絵本を活用する実践としては，たとえばマリア・モンセラ・サルトの「読書へのアニマシオン」がある[12]。しかし，三森も指摘しているが，あくまでも子どもたちに対する読書活動への誘導を大きな目的にしているアニマシオンでは，楽しく活動することに重点が置かれている。そのため，情報の客観的な分析や論理的な思考から得られた成果を文章化するといった課題は，原則として設定されていない。したがって，「言語表現」の授業設計にあたっては，学習の手続きが明確に示されている三森の知見を採用した。

4 効果的な学習を促進するための工夫
―協同学習の視点―

適切な学習課題を設定したとしても，学生が十分に課題に取り組める工夫がされていない場合は，目指す学習効果が得られない可能性がある。今回設定した学習課題についても，学習を進める手続きを示しただけでは，学生たちの混乱を招くだけである。その理由としては，学生たちが経験したことがない学習課題であることがあげられる。これまでの学生に対する聞き取りでは，保育者養成校に入学する以前も，絵や文章を詳細にとらえ，そこに示されている事実を論理的に組み上げていく経験はしていないことがわかっている[13]。

さらに，多様な質の学生が入学する現状において，各個人で学習

課題に取り組ませた場合，その進捗状況に著しい差が生じることや，学習のねらいについて十分な理解が得られない可能性も考えられた。そこで，学習の手続きにおいて協同学習の技法を取り入れ，学生の学びを支えることができる枠組みを用いることにした。学習者同士が学習活動において支え合い，有機的に機能することで，未経験の学びに対しても積極的に取り組めると判断したからである。

さらに，学習成果を明確化させるために，学習課題への取り組みを最終的に文章化することを指示した。文章化については，その手続きが理解しやすいようにワークシートを活用し，ワークシートには取り組みにおけるルーブリックを明示した（図3-2）。課題は，「言語表現」（半期15回）の第5回から第8回までを使用して取り組まれ，

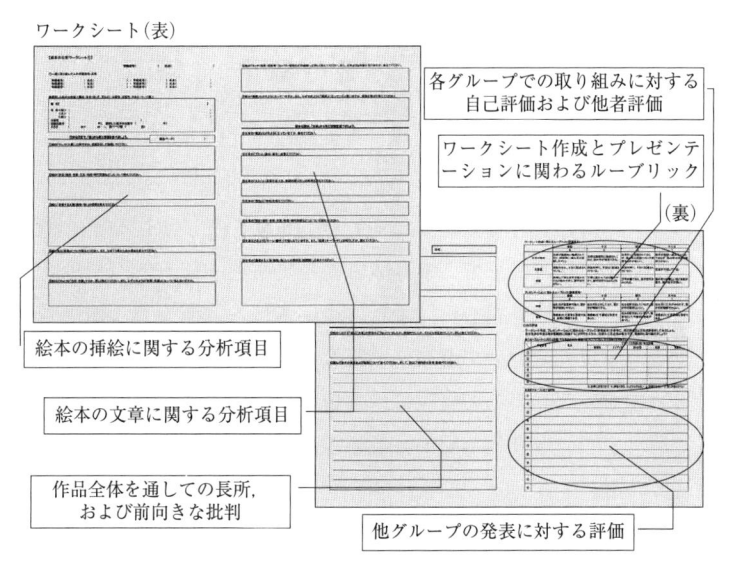

図 3-2　課題で活用するワークシートのテンプレート

最終的にはグループでの学習成果を発表することで完了する。具体的には，次の6つの手順に沿って実施される。

　課題の手順

①学習者全員に対して，取り組みについての説明
②グループ化の指示
③各グループで，取り組みに使う絵本の選定
④各グループの担当者に対する，具体例やヒントの提示
⑤各グループで取り組み，ワークシートの完成
⑥各グループの口頭発表（質疑応答），ワークシートの提出

以下，それぞれの手順について詳細を述べる。

①学習者全員に対して，取り組みについての説明
②グループ化の指示

　学習者全員に対して，絵本の挿絵と文章の分析視点について説明をし，同時にグループでの取り組みになることを伝える。学生たちは，グループで取り組む協同学習については，初年次教育に位置づく「基礎演習」において既に経験をしている。しかし，入学以前の協同学習での取り組みの経験には学習者間で差があるため，グループで学習課題に取り組む際の注意事項については重ねて伝える配慮をしている。

　さらに，グループでの協同学習の効果を引き出すために，グループの成員は4人を原則とし，グループの指定は授業担当者が行う（図

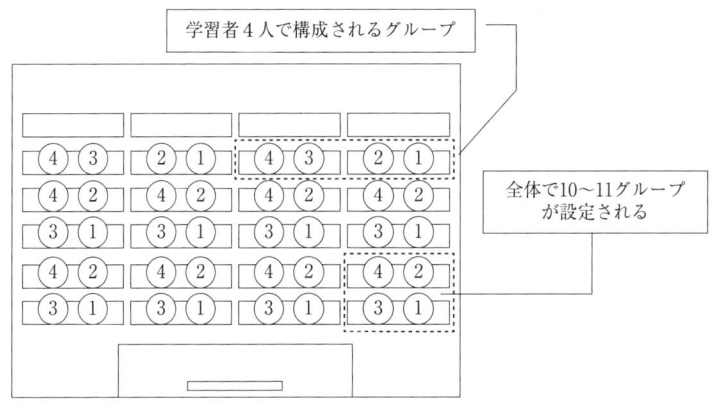

図 3-3　教室におけるグループ設定のイメージ

3-3)。しかし，これまでの学習経験（多くの場合，協同学習として機能していないグループ学習の経験）を通して，学生によってはグループ学習に対して不安感をもっている場合がある。また，協同学習の取り組みの真意を理解できていない学生は，グループでの活動に消極的になる可能性もある。そのような事態を防ぐために，グループでの学習活動の様子自体も授業担当者が評価することと，最終的な学習成果として提出されたワークシートに関しては，そのすべてが個人の評価に帰することを強調して伝えている。

---
③各グループで，取り組みに使う絵本の選定
④各グループの担当者に対する，具体例やヒントの提示

　学習の内容を十分に理解した学生は，各グループで取り組みに使う絵本の選定に入る。その際，文章の分析が不可能になる，極端に

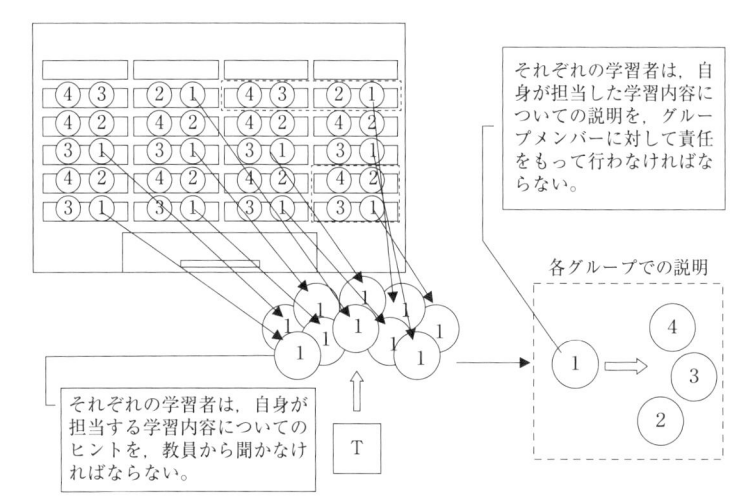

図 3-4　教え合いの技法「ジグソー (Jigsaw)」を利用した学習のイメージ

文章が少ない乳児絵本は避けるように指示している。

　絵本の選定を検討すると同時に，教え合いの技法ジグソー(Jigsaw)を利用した活動をする(図3-4)。各グループから一人ずつ選出された学生に対し，教員から挿絵と文章の分析についての具体例とヒントが伝えられる。教員からの伝達は，その内容が4回に分割して行われるため，グループの全員がそれぞれの部分を担当しなければならない。したがって，グループの成員である4人は，それぞれが教員から聞いた詳しい分析の手法を，グループの他の成員に伝えなければならないため，学習活動における責任感が向上し，学習活動への参加が非常に積極的になる[14]。

⑤各グループで取り組み，ワークシートの完成
⑥各グループの口頭発表（質疑応答），ワークシートの提出

　各グループでの取り組みが行われ，教員は必要に応じて個々のグループの質問に答え，議論に参加する。当然，教室内での活動であるため，他のグループもその内容を聞くことができる。

　グループでの取り組みが開始された直後で話し合いの活性化が進まないグループには，授業者がヒントや学習を促進させる質問を行う[15]。最終時間で各グループは教壇に立ち，他のグループの前で口頭発表する。口頭発表は，他のグループも質疑内容を理解できるようにするため，絵本の読み聞かせをまず行う。そして，教員からの挿絵か文章に関する質問に対して，それぞれ4人が答える形式をとる。全グループの発表が終了した後に，ワークシートを提出する。

　以上，学習課題の①から⑥の手順について概観した。確かに，取り組み開始直後は，初めて経験する学習活動に対して戸惑いを見せる学生も存在する。しかし，協同学習の理念に支えられたグループ

図3-5　グループでの学習活動の様子

での学習活動を通して取り組めるため，すぐに課題に集中できるようになっている。教員からの一方的な知識の伝達と，その吸収に慣れている学生にとっては新鮮な取り組みとなるためか，生き生きとした学びの姿勢を確認することができる。ただし，この学習課題についても，効果測定に関して課題が残っていることも事実である。次に，学習活動に対する評価の側面から述べてみたい。

5 学修支援の効果―学生の学習成果に基づく評価―

授業における学修支援の効果を測定する場合，学生の学習成果（ラーニング・アウトカム）に基づいて評価が行われると考えられる。そのため当然ながら，学生の学習成果をどのように評価するのかについての議論が必要となる。

中央教育審議会の答申においても「成果の評価に当たっては，学修時間の把握といった学修行動調査やアセスメント・テスト（学修到達度調査），ルーブリック，学修ポートフォリオ等，どのような具体的な測定手法を用いたかを併せて明確」にする必要性を指摘している[16]。しかし，そこで示されている測定手法を用いただけで，学習成果の客観的な測定が可能であるといえるほど学習成果の測定は単純なものではない。

先行研究においても，学習成果の測定に関しての難しさが指摘されている。たとえば，香川・吉原（2010）は，日本の高等教育がラーニング・アウトカムを重視する方向へ動いていることを指摘し，評価手法についても論じているが，同時に「汎用的なスキルの評価については，その概念，測定方法ともに複雑であり，困難な作業を

伴う」とも指摘している[17]。

　さらに，塩沢（2014）は，学生が1セメスターで10〜15科目ほど履修する日本では，ルーブリックの作成に膨大な時間が必要な点や，全米カレッジ大学協会（AAC & U：American Association of Colleges & Universities）が作成したバリュー・ルーブリック（VALUE：Valid Assessment of Learning in Undergraduate Education, Rubric）をそのまま導入したとしても，学生数の多さが問題点となることを指摘している[18]。

　確かに，本章で取り上げた授業の取り組みにおいても，ルーブリックの提示や，同じ学習課題に取り組む他者の客観的視点を取り入れた評価手法を取り入れている。しかし，そのルーブリックに示されているポイントを達成できたのか，または，できなかったのかに関しては，授業担当者が学生から提出されたワークシートや発表当日の発表状況，さらにグループでの学習活動の様子に対する観察などから総合的に評価を行っている。したがって，各学生が授業で目指す力を，どの程度身につけたのかに関して，厳密な意味での客観的な評価ができているのかについては，議論が分かれるところだろう。

　さらにいえば，今回の取り組みで学生に身につけて欲しい力とは，保育者養成校だけで完結して身につくものではない。保育者として保育現場に立ってからも，日々獲得されていく力であると指摘できる。とすれば，ディプロマ・ポリシーに示されている基準を超えていれば評価はされるはずであるが，ある一時点だけで達成される力ではないために，保育者として，必ずしも必要十分であるとは言い切れないはずである。

6 まとめ―学習を通しての学生の変化―

　以上から，今回の授業における取り組みについても，客観的な効果測定を実現するためには，継続的な議論が必要であるという課題が残っている。ただ，学生が得たであろう学習成果について，誤解を怖れずにあげるとすれば，学習における「気づき」ではないだろうか。これまで経験したことがない学習課題に取り組んだことで，その難しさを実感すると同時に，学びにおける「気づくこと」の重要性を理解できたのではないかと感じている。

　そのように感じたのは，グループ活動を通して課題に取り組む学生たちとの質疑応答のなかで，目を大きく見開き「そうか！」と叫んだ学生が何人もいたからである。ジョン・ハンターが指摘する「クリック」[19]には程遠いであろうが，学習活動を通して能動的に学生が変化した瞬間のように感じた。

　しかし，これは当然ながら客観的とはいえない，あくまでも授業者の主観的な受け取りである。また，すべての学生に起こった変化でもない。なかには，「もう，ワークシートをみたくない」「脳が疲れる」とつぶやく学生もいたことも事実である。加えて，課題を終えた学生に対するアンケート調査においても，「論理的な思考とは何か，十分に理解できていない」と記述する学生も存在している。

　ただ，これまで経験したことがない，根拠をあげて自分自身の意見を構築する学習を，保育者を目指すすべての学生に経験できる場を提供できたことには意義があると考えている。

　最初にも指摘したが，現在の日本社会が保育者に求める資質が多岐にわたり，高度化している以上，それに対応できる保育者を養成

することが保育者養成校には求められている。加えて，高等教育機関における学習の在り方が議論され，大きく変化しつつある現在，保育者養成校におけるカリキュラムについても，学習者の学習成果を十分に評価できる枠組みを早急に構築する必要があると指摘できる。

注
1)「短期大学の現状と学生の実態―短期大学生の資質とその志向―」(山内乾史編著 (2012)『学生の学力と高等教育の質保証Ⅰ』学文社)，および「短期大学生の学力実態とその支援方法―学生の言語表現の特徴から―」(山内乾史・原清治編著 (2013)『学生の学力と高等教育の質保証Ⅱ』学文社)
2)「子ども・子育て支援法」「就学前の子どもに関する教育，保育等の総合的な提供の推進に関する法律の一部を改正する法律」「子ども・子育て支援法及び就学前の子どもに関する教育，保育等の総合的な提供の推進に関する法律の一部を改正する法律の施行に伴う関係法律の整備等に関する法律」の3法案を指す。
3) 内閣府・文部科学省・厚生労働省から「子ども・子育て支援新制度」の周知のためのパンフレット『子ども・子育て支援新制度 なるほどBOOK』などが出され，内閣府のHP上でも情報が提供されている (http://www8.cao.go.jp/shoushi/shinseido/index.html)。
4) 新制度施行後5年間は，「幼稚園教諭免許状」または「保育士資格」を所有していれば，「保育教諭」になることができる経過措置があるとしている。
5) 現行の『幼稚園教育要領』は，中央教育審議会「幼稚園，小学校，中学校，高等学校及び特別支援学校の学習指導要領等の改善について」の答申を踏まえて，平成20 (2008) 年3月に公示された。また，現行の『保育所保育指針』は，平成12 (2000) 年の改定を経て，これまでの局長通知から厚生労働大臣による告示として平成20 (2008) 年3月に公示された。
6) 幼児教育・保育を就学前教育という側面からとらえ，その投資効果について論じたのはシカゴ大学のジェームズ・ヘックマンである。その理論については，たとえば，秋田 (2009)，大竹 (2009)，池本 (2011) に詳しい。
7) 保育士養成課程等検討会 (2010)「保育士養成課程等の改正について (中間まとめ)」p.7
8) 同上，p.21

9) 柴崎正行・戸田雅美・秋田喜代美編 (2010)『最新保育講座⑩保育内容「言葉」』ミネルヴァ書房, pp. 16-17
10) 具体的な保育実践としては、たとえば今井 (1986, 1996, 2000) があり、子どもの言葉の獲得と、それを支える保育者の姿が記されている。
11) 三森ゆりか (2002)『論理的に考える力を引き出す②絵本で育てる情報分析力』一声社, pp. 9-11
12) マリア・モンセラ・サルト (2001) では、たとえば「作戦36 物語ではそう言ってる？」(pp. 159-162) で物語の内容について理解できる力を、「作戦53 よく見る、見える」(pp. 220-222) では、絵の観察能力を養う実践が示されている。
13) 本章で示した学習課題を実践した初年度から、継続的に学生に聞き取りをしているが、同様の趣旨の取り組みを経験したと回答する学生はこれまでにいなかった。
14)「ジグソー (Jigsaw)」については、エリザベス・バークレイ, パトリシア・クロス, クレア・メジャー著, 安永悟訳 (2009)『協同学習の技法──大学教育の手引き』ナカニシヤ出版, pp. 128-133 に詳しい。
15) たとえば、授業担当者はキング (King, A.) の指摘している、小グループの話し合いで有効なステムを利用して各グループでの活動を支援するように配慮している。ステムについては、安永悟 (2006) pp. 78-79 に詳しい。
16) 中央教育審議会答申 (2012)「新たな未来を築くための大学教育の質的転換に向けて～生涯学び続け、主体的に考える力を育成する大学へ～」p. 20
17) 香川順子・吉原惠子 (2010)「汎用的なスキルに関する概念整理とその育成・評価手法の探索」濱名篤研究代表『学士課程教育のアウトカム評価とジェネリックスキルの育成に関する国際比較研究』(平成19-21年度科学研究費補助金　基盤研究(B)課題番号19330190) p. 28
18) 塩沢一平 (2014)「米国リベラルアーツ・カレッジによる教育とラーニング・アウトカムの評価 (Learning Outcome Assessment) の現状」『山梨学院大学経営情報学論集』20, pp. 13-21
19) ワールド・ピース・ゲームの提唱者である小学校教師のジョン・ハンターは、学習活動が深化する過程において、生徒たちに訪れる「わかる」と感じる瞬間を「クリック」と表現している。

参考文献
山内乾史編著 (2012)『学生の学力と高等教育の質保証Ⅰ』学文社
山内乾史・原清治編著 (2013)『学生の学力と高等教育の質保証Ⅱ』学文社

中央教育審議会大学分科会 (2009)「中長期的な大学教育の在り方に関する第2次報告」(http://www.mext.go.jp/b_menu/shingi/chukyo/chukyo4/houkoku/1283827.htm)
中央教育審議会大学分科会 (2009)「中長期的な大学教育の在り方に関する第2次報告」日本学生支援機構『大学と学生』第74号(通巻548号), pp. 17-55
橋場論・小貫有紀子 (2014)「学修支援活動に携わる学生スタッフの変容プロセスに関する探索的研究」『名古屋高等教育研究』第14号, pp. 279-298
内閣府・文部科学省・厚生労働省 (2014)『子ども・子育て支援新制度　なるほどBOOK (平成26年9月改訂版)』
内閣府・文部科学省・厚生労働省 (2014)『子ども・子育て支援新制度　ハンドブック　施設・事業者向け』
内閣府子ども・子育て支援新制度施行準備室 (2014)『子ども・子育て支援新制度について』
文部科学省『幼稚園教育要領』2008
厚生労働省『保育所保育指針』2008
James J. Heckman (2006) "Skill Formation and the Economics of Investing in Disadvantaged Children", *Science*, vol. 312, No. 5782, pp. 1900-1902.
秋田喜代美 (2009)「国際的に高まる『保育の質』への関心」Benesse教育研究開発センター『BERD』No. 16, pp. 13-17
大竹文雄 (2009)「就学前教育の投資効果から見た幼児教育の意義」Benesse教育研究開発センター『BERD』No. 16, pp. 30-32
池本美香 (2011)「経済成長戦略として注目される幼児教育・保育政策—諸外国の動向を中心に—」『教育社会学研究』第88集, pp. 27-45
保育士養成課程等検討会 (2010)「保育士養成課程等の改正について (中間まとめ)」
柴崎正行・戸田雅美・秋田喜代美編 (2010)『最新保育講座⑩保育内容「言葉」』ミネルヴァ書房
今井和子 (1986)『ことばの中の子どもたち　幼児のことばの世界を探る』童心社
今井和子 (1996)『子どもとことばの世界—実践から捉えた乳幼児のことばと自我の育ち—』ミネルヴァ書房
今井和子 (2000)『表現する楽しさを育てる　保育実践・言葉と文字の教育』小学館
三森ゆりか (2002)『論理的に考える力を引き出す②絵本で育てる情報分析力』一声社
マリア・モンセラ・サルト著, 宇野和美訳, カルメン・オンドサバル, 新田恵

子監修（2001）『読書へのアニマシオン　75の作戦』柏書房
エリザベス・バークレイ，クレア・メジャー，パトリシア・クロス著，安永悟訳（2009）『協同学習の技法―大学教育の手引き』ナカニシヤ出版
安永悟（2006）『実践・LTD話し合い学習法』ナカニシヤ出版
中央教育審議会（2012）「新たな未来を築くための大学教育の質的転換に向けて～生涯学び続け，主体的に考える力を育成する大学へ～（答申）」
香川順子・吉原惠子（2010）「汎用的なスキルに関する概念整理とその育成・評価手法の探索」濱名篤研究代表『学士課程教育のアウトカム評価とジェネリックスキルの育成に関する国際比較研究』（平成19-21年度科学研究費補助金　基盤研究(B)課題番号19330190）p. 28
塩沢一平（2014）「米国リベラルアーツ・カレッジによる教育とラーニング・アウトカムの評価（Learning Outcome Assessment）の現状」『山梨学院大学経営情報学論集』20，pp. 13-21
ジョン・ハンター著，伊藤真訳（2014）『小学4年生の世界平和』角川書店
三森ゆりか（2002）『論理的に考える力を引き出す―親子でできるコミュニケーション・スキルのトレーニング―』一声社
ジョージ・ジェイコブズ，マイケル・パワー，ロー・ワン・イン著，伏野久美子・木村春美訳，関田一彦監訳（2005）『先生のためのアイディアブック：協同学習の基本原則とテクニック』日本協同教育学会
関田一彦・安永悟（2005）「協同学習の定義と関連用語の整理」日本協同教育学会『協同と教育』第1号，pp. 10-17
坂本旬（2008）「『協働学習』とは何か」『生涯学習とキャリアデザイン』5，pp. 49-57
濱田勝宏（2009）「『学生支援』再考」日本学生支援機構『大学と学生』第74号（通巻548号），pp. 7-12
池本美香（2010）「子ども・子育て新システムの評価と課題―幼保一体化を中心に―」日本総研『政策観測』No. 20
篠田庄司（2011）「目標学習成果がどの程度まで身に付けられているかのアセスメント・評価法の必要性と設計」『電気情報通信学会誌』Vol. 94，No. 2，pp. 114-129
安永悟（2011）「効果的なグループ討議法」国立情報学研究所学術情報リテラシー教育担当者研修
馬場眞知子・野崎浩成・河住有希子・小野澤佳恵・たなかよしこ（2011）「学力向上の指標となる言語力育成のために　日本語力をいかに測るか」『リメディアル教育研究』6(1)，pp. 26-30

村野敬一郎 (2011)「就学前教育・保育制度のあり方を考える視点—『幼保一元化』,『認定子ども園』の検討をふまえて—」『宮城学院女子大学発達科学研究』(11), pp. 25-31

笠原千絵 (2011)「学習成果の評価方法とルーブリックの活用—アメリカの高等教育関連団体と大学におけるインタビュー調査から—」『関西国際大学研究紀要』12, pp. 37-46

吉田武大 (2011)「アメリカにおけるバリュールーブリックの動向」『教育総合研究叢書』4, pp. 1-12

濱名篤 (2012)「ルーブリックを活用したアセスメント」中央教育審議会高等学校教育部会 資料6

安永悟 (2012)『活動性を高める授業づくり：協同学習のすすめ』医学書院

葛西耕市・稲垣忠 (2012)「アカデミックスキル・ルーブリックの開発 初年次教育におけるスキル評価の試み」『東北学院大学教育研究所報告集』12, pp. 5-29

池田祥子 (2012)「特集1 子ども・家族・教育政策『幼保一元化』への模索—『子ども・子育て新システム』の理論課題」『日本教育政策学会年報』(19), pp. 23-39

池田祥子 (2012)「戦後日本の幼児教育・保育の理論課題—多様な形態を許容できる『幼保一元化』を求めて—」『こども教育宝仙大学紀要』3, pp. 1-9

新實広記・藤重育子・西濱由有・矢藤誠慈郎 (2012)「保育者養成課程における表現関係科目の教育内容に関する研究(1)」『東邦学誌』41(3), pp. 141-162

林悠子・森本美佐・東村知子 (2012)「保育者養成校に求められる学生の資質について—保育現場へのアンケート調査より—」『紀要』43, pp. 127-134

新實広記・藤重育子・西濱由有・矢藤誠慈郎 (2013)「保育者養成課程における表現関係科目の教育内容に関する研究(2)」『東邦学誌』42(1), pp. 57-74

半田智久 (2013)「学修支援の情報やシステムに関する大学生のニーズ調査報告 高等教育と学生支援」『お茶の水女子大学教育機構紀要』3, pp. 66-83

粟飯原匡伸 (2013)「学修支援活動報告『学習相談コーナー』の設置」『大学教育研究開発センター年報 2012』pp. 39-42

池田祥子 (2013)「子ども・子育て新制度の内容および今後の課題—小宮山洋子『厚生労働大臣・副大臣742日』を参考にして—」『こども教育宝仙大学紀要』4, pp. 39-45

中平絢子・馬場訓子・高橋敏之 (2013)「保育所保育における保育士の資質の問題点と課題」『岡山大学教師教育開発センター紀要』3, pp. 52-60

清道亜都子 (2013)「保育者養成課程学生における言語表現の現状と課題—『保

育内容演習（言葉）』の授業アンケートをもとにして―」『名古屋女子大学紀要　家政・自然編，人文・社会編』(59)，pp.315-319

櫻井慶一（2014）「『認定こども園』法の改正とその課題の一考察―保育所制度の今後のあり方との関連で―」『生活科学研究』36，pp.3-16

石田千晃（2014）「Ploneによる学修支援の報告―2012年度，2013年度の実践と調査より―」『高等教育と学生支援　お茶の水女子大学教育機構紀要』4，pp.62-70

半田智久（2014）「学修支援情報システムalaginの利用現況報告」『高等教育と学生支援　お茶の水女子大学教育機構紀要』4，pp.83-91

藤重育子（2014）「現場の保育者・教育者から求められる保育者養成学生の資質に関する調査」『東邦学誌』43(1)，pp.131-140

末田真樹子・堀一成・久保山健・坂尻彰宏（2014）「職員・教員・TA協働による学修支援の取組―大阪大学附属図書館における『レポートの書き方講座』を中心に―」『大阪大学高等教育研究』2，pp.55-60

渡邉英則（2014）「1.展望　認定こども園の現状と課題」『保育学研究』52(1)，pp.132-139

上村裕樹・音山若穂・和田明人・利根川智子（2014）「保育者養成学生の継続的学習意識の獲得に向けた問題解決型学習の試行」『帯広大谷短期大学紀要』(51)，pp.17-26

第 4 章

留学生の学修支援

塩川　雅美

　本章では，留学生の「学修支援」について述べるのであるが，「学習」と「学修」の違いについて念のため「広辞苑」で調べてみた。「学習」とは，「まなびならうこと」であり，「学修」とは「学問をまなびおさめること」と書かれている。角川書店の「類似語新辞典」では，「学習」とは，「まねをし，見習って後天的に一定の知識・技能を身につけること」であり，「学修」とは「学んで学問を身につけること」と書かれている。つまり，留学生の「学修」を支援するということは，留学生が「学問を学び修める」ことを支援するということである。

　留学生が学問を修めるために必要な支援とは，単にオン・キャンパスでの留学生の学修活動への支援にとどまらない。オフ・キャンパスでの留学生の学修活動や，学修を安心して行えるように生活上の支援を行うことも重要である。

　本章では，大学や大学院で学ぶ留学生を想定し，大学の教職員が支援にあたる前提で「留学生の学修支援」について述べることとしたい。また，オン・キャンパスの支援とオフ・キャンパスの支援の双方について述べたい。留学生のオフ・キャンパスでの生活への支

援までを範疇に入れることは「学修支援」の範囲を超えるという意見や，大学の教職員の職務の範囲を超えるという意見もあるが，筆者の経験からは，オフ・キャンパスでの生活が安定しない場合は，学修に専心できず，結果として，成績不良などの修学上のトラブルへと発展することが多い。そのため，オン・キャンパスでの「学修支援」と同様に，オフ・キャンパスでの「学修支援」も視野に入れる必要があると考えるため，本章では，双方について述べる。

オン・キャンパスの留学生への主な学修支援には，以下のようなものがある。

1. 日本語学修への支援
2. 外国語科目学修への支援
3. 専門科目学修への支援
4. 履修指導
5. 大学院進学準備への支援
6. オン・キャンパスの人間関係への支援

オフ・キャンパスの留学生への主な学修支援には，以下のようなものがある。

1. 住居関係への支援
2. 住居地の市町村区役所の手続きへの支援
3. 経済面への支援
4. 健康面への支援
5. 在留手続きへの支援
6. オフ・キャンパスの人間関係への支援

次にオン・キャンパスとオフ・キャンパスの主な「学修支援」にあげたそれぞれの支援について述べていく。

1　オン・キャンパスの学修支援

1-1　日本語学修への支援

　文部科学省では、「大学の国際化」を推進する観点から、「英語による学位取得が可能な課程」の開設を積極的に行う大学等への補助金配分などを強化している。大学院の一部の課程や、個別の教員が日本語以外の言語での指導を行っている場合もあるが、一般的には、日本の高等教育機関の大部分では、いまだに教授言語は日本語が用いられているのが実態である。

　つまり、日本語を母語としない外国人留学生にとって、大学等での学修のためには、日本語の運用能力が高いことが日本の高等教育機関で学修するための要件となっている。

　大学によっては、入学者選考にあたり「日本語能力試験1級を取得していること」を要件としているところも多い。「日本語能力試験 (JLPT：Japanese Language Proficiency Test)」は、国際交流基金と日本国際教育支援協会という日本の公的機関が実施している。世界62カ国で実施され、約61万人が受験している世界最大規模の日本語試験である[1]。日本が受け入れている留学生の最大数を占める中国では、中国教育部考試中心が実施団体となり41都市を会場として実施されている。日本語能力試験は開催場所によって、年1回または年2回開催されている。

　留学生の日本語能力を測る手段としては、「J.TEST」とよばれる「実用日本語検定」というものも利用されている[2]。

　「J.TEST」は、日本国内では年間6回実施されており、日本への留学希望者の多い中国、韓国、台湾、タイ、モンゴル、ベトナム、

ネパール，ミャンマーでも試験会場を設けている。海外では，「日本語学科」などを開設している大学などを試験実施会場としていることもあり，日本に興味をもつ現地の学生にとっての利便性は高い。日本で学ぶ留学生の最大数を占める中国本土においては，37会場で実施されている (2015年4月現在)。年間の受験者数は7万人に上り，大学進学を目指すような中級〜上級学習者向けには，「特A級」から「準D級」まで1000点満点の試験の得点に応じて8段階の級が認定されるようになっている (400点未満は，級は認定されない)。このほか，初級者向けには「E級」，「F級」もあり，入門者には「Gレベル」の試験も用意されている。「J.TEST」のホームページには，「J.TEST」を入学試験の際に利用できる日本の大学名が掲載されていることから，日本留学を検討しようとしている海外からの留学生予備軍の利便性も高い。受験料も日本国内の場合は，3,600円と日本語能力試験の受験料 (5,500円) よりも低くなっている (2015年4月現在)。

　このように日本語能力試験やJ.TEST (実用日本語検定) の受験結果を入学試験の出願書類に含むことによって，入学前に予め受け入れる留学生の日本語能力を大学は知ることができる。一方，日本語能力試験の1級やJ.TESTの特A級を取得していても，対面で会話をするとスムーズな受け答えができない留学生もいるので，試験結果のみで十分な日本語運用能力があると判断することができないということも現実である。

　どのような学生を受け入れるのかは，個々の大学の判断に委ねられているので，一律に留学生全員が，「日本語能力試験1級を取得している」必要はなく，個々の大学で教育・研究活動に支障がない

かを判断することとなる。

(1) 入学前の日本語学修支援

　入学後、講義をうけるために必要な日本語能力に到達していない場合でも、日本語能力以外の要件が十分にある場合に、入学を許可することも多い。そのような場合は、入学までに、あるいは入学後、日本語能力を上げるための学習機会を提供する支援が必要となる。

　入学試験の合否が確定してから、入学までに時間のある場合は、通信教育などの方法で日本語能力を上げる支援を行うことができる。日本語担当教員がいる場合は、大学独自で留学生が自習できるような教材を作成し、入学までに日本語能力が向上するように支援することもできる。直接に対面で授業を実施しなくとも、あるいは、教材を郵送して留学生が独学しなくても、最近のIT技術を活用し、スカイプなどのインターネットを使った方法で支援を行うことも検討したい。

　地域の日本語学校と連携して、大学あるいは留学生自身が経費を負担して集中的に入学前の時間を利用した日本語のコースを受講することも選択肢として考えられる。

(2) 入学後の日本語学修支援
①日本語科目の提供

　入学後の日本語学修の機会提供方法としては、日本語担当教員がいる場合には、留学生対象の「日本語科目」を開設し、留学生に履修を勧めることが一般的な支援である。この場合に可能ならば、「日本語科目」と「専門科目」が同じ時間帯に開講しないように配慮し

たい。なぜなら、大学入学までに日本語学校等で日本語を学習してきた留学生や自己の日本語能力を高いと自ら判断している留学生は、「専門科目」の履修を優先し、「日本語科目」を開講しているにもかかわらず、受講しないことも多いからだ。

往々にして、大学入学前に日本語学校等で日本語を学習してきた留学生や日本語能力試験1級を取得した留学生は、「いまさら日本語学習の必要はない」と判断し、「日本語科目」が開講されていても受講の必要性を認識していないことが多い。しかし、入学後、交友関係が留学生のみだったり、アルバイトなどで忙しいために日本人と交流する機会が少なかったりすると、徐々に日本語運用能力が低下し、学年進行と共に難しくなる「専門科目」の理解力も並行して低下することがある。そのため、留学生には、極力、入学後も継続して「日本語学習」に取り組むことを勧めることが重要となる。

「日本語科目」も、留学生の学年進行に応じたスキルや知識が提供できるような構成になっていることが望ましい。たとえば、「レポート・論文の書き方」、「プレゼンテーションの日本語」、「就職・大学院入試の面接試験対策日本語」などの実践的な内容があれば、留学生も進んで受講しやすいであろう。

②スピーキング・パートナーによる支援

「日本語科目」を設置できなくとも、留学生自身が進んで日本語運用能力の向上を目指すように動機づけるために、日本人学生にスピーキング・パートナーを務めてもらうという方法もある。筆者の経験からも、同国の留学生同士で交流していると、母語に頼りがちになり、日本語能力が下がりがちになるが、たとえば、クラスや研究室に、同国の留学生がいない場合は、日本語でのコミュニケーシ

ョンを取ることが必要となり、結果として、日本語運用能力が向上しやすい留学生は多い。そこで、スピーキング・パートナーとして、日本人学生とのコミュニケーションを取るような仕組みを提供することにより、日本語運用能力の維持もしくは向上を図るのである。バディやサポーターという留学生の支援をしている学生に、「留学生の日本語運用能力の向上」も支援活動に入れてもらうように要請することも考えられる。

「日本語教師養成」の課程がある大学等では、日本語教師を目指す学生に、留学生の日本語に関する質問の最初の回答者になってもらうことを日本語教師養成課程担当の教員と相談して実施することも可能である。その場合は、日本語教師を目指す学生にとっても、学びの機会となるので、学生が対処できない質問などには、担当教員の応援も依頼できるようにしておくことが望ましい。

③地域の日本語教育活動の紹介による支援

多くの自治体では、居住する外国人住民に対して無料もしくはテキスト代程度の安価な学費で日本語の学習機会を提供していることが多い[3]。そのような情報を入手し、留学生に受講を勧めることもできる。自治体の提供する日本語教室などの講師は、単に日本語を教える先生というだけでなく、キャンパスの外で生じる留学生の日本の生活面でのトラブル対処において、留学生を支援してくれる市民という面もあり、オフ・キャンパスでの留学生の生活および学修の支援者にもなりうることを認識しておきたい。

1-2 外国語科目学修への支援

指導教員によっては、「日本語ではない外国語」で留学生とコミ

ュニケーションを取ることが可能な場合もあるが,「外国語科目」として開講されている日本語以外の外国語の学習は,留学生にとっての外国語である日本語を教授言語として用いられているケースが多く,「外国語科目」の学習は,容易ではない。

インターネットのスカイプなどの技術を用いて,日本語を教授言語としない(日本語を介さない)で外国語が学べるように,留学生対象に「外国語科目」を工夫する支援もありうる。

1-3　専門科目学修への支援

専門科目の学修への支援としては,上級学年の学生を有償あるいは無償でチューターに任命し,チューター学生を通じて,留学生の専門科目の学修支援を行うこともできる。

有償のチューターの場合は,留学生の在籍する大学などが,チューター料を負担するのであるから,チューター学生と留学生が「何時間」面会し,「どのような学習支援をしたか」を掌握するように努めることが望ましい。チューター学生からの指導内容そのものは,専門的な内容になるであろうが,チューター活動の実施予定や実施報告をチューター学生に提出させると共に,留学生にもチューターとの面会記録などを提出させるようにすることで,円滑なチューター活動が行われているかを知ることができる。

チューター活動の状況を大学等が把握するべき理由としては,1) チューター学生と留学生の時間割の空き時間が合わず,チューター活動を行うための時間が確保できないことがあり,チューター料の支払いがなされているにもかかわらず,チューター活動が実施されていない,2) 留学生とチューター学生のコミュニケーションが十

分にとれておらず，専門科目についての留学生の疑問などが解消されていない，というような事態がおこりうるからである。

留学生の日本語運用能力に合わせた指導をするようにチューター学生に助言したり，あるいは留学生にアルバイトの時間よりもチューター学生から指導をうける時間を確保することを優先させるように指導をしたりすることも重要である。

チューター学生と留学生の関係は，一方的にチューター学生が留学生に「教える」だけでなく，教える行為を通じて，チューター学生自身が専門科目への理解を深めたり，あるいは気づかなかった疑問を発見したりするということもあるので，留学生も，チューター学生の学びを深める役割を担っているという側面も認識したい。

1-4 履修指導

日本人学生にとっても，履修登録は簡単な作業ではない。カリキュラム改編などがあると，「科目の読み替え」といった事態も発生し，注意深く履修しないと，卒業必要単位数が不足してしまい，卒業間際になって単位の不足が発覚する，ということもある。

留学生の履修にあたっては，「必修科目」，「選択科目」，「選択必修科目」などが十分に履修されているか，指導教員や教務担当職員などが相談に応じる体制をつくることが望ましい。「履修登録は，学生の自己責任でするものだ」という考え方もあるが，単位が不足して卒業できない事態になった場合に，学費や在留期間の更新手続きなどの留学生活の根幹に関わる多くの問題が発生することを思えば，大学にとってもリスク回避のために支援の時間と手間を惜しむことは避けるほうが賢明といえる。

1-5　大学院進学準備への支援

　留学生の多くは，大学院進学に際し，学部進学以上に大きな不安を抱えている。その理由は，大学院入学試験における入学選考が単純に書類審査や面接試験という募集要項に明記された「選考方法」だけではないことが多いことに起因する。

　たとえば，大学院入学試験を受験するにあたり，入学後の指導教員に事前にコンタクトをとり，受験を了承されたうえで提出しないといけない「研究計画書」などが出願書類に含まれていたりする。このような場合，科目試験や面接試験以前に，「どのように指導を希望する教員とコンタクトをとればいいのか？」，「面会をお願いするのは，メールでは失礼と思われないか？」などのデリケートな疑問を留学生は抱えることになる。

　大学院進学を契機に別の大学に移るようなケースでは，より複雑な問題が生じてくる。「卒業論文を指導してもらっている学部の指導教員に別の大学の大学院に進学することを相談して，卒業論文の指導をうける時に支障が出ないか？」というような懸念を抱くことから始まり，なかには，指導教員や周囲の人間に相談できず，他大学大学院の受験準備を秘密裏に進めないといけないような状態に追い込まれ，精神的に不安定となり，卒業論文の作成も手につかない状況に追い込まれていく留学生もいる。

　学部教育をうけた大学と異なる大学の大学院に進学する理由は，さまざまであるが，学部時代の大学の教育・研究環境や指導教員に留学生が不満をもっているようにとらえられる危険性も高い。筆者の経験でも，学部教育をうけた大学の大学院よりも学費の安い他大学の大学院に経済的事情から進学を希望する学生は少なくない。そ

のような場合に,「同じ指導教員のもとで学修を継続する」ことだけを留学生に暗黙のうちに強要したり,期待したりすることは適切な対応ではない。

本来は,大学院の進学先や指導教員の選択は,学問的な観点から行われるべきものである。学部時代の大学と異なる大学の大学院に進学する理由について留学生から聴き取りを行い,双方の大学の大学院入学後に提供される可能性のある経済的支援や奨学金などの情報を提供し,進学先を決定するための判断材料を提供するという支援が必要となる。

出願書類のなかに含まれる「研究計画書」の作成にあたっては,専門的な内容についての指導は専門分野の教員が指導し,日本語としての体裁などは日本語科目担当教員が指導するなどの支援が必要であるが,留学生の進路選択の背景を周囲の関係者が理解し,協力する体制を構築することは重要である。

1-6 オン・キャンパスの人間関係への支援

留学生を担当する教職員は,留学生の修得単位数,教科ごとの成績などにも注意を払い,単位の修得数が少ない場合や成績が低い場合は,その原因がどこにあるのかを見極め,適切な支援を講じるようにしたい。

留学生は,多くの場合,母語以外の言語である日本語で学部や大学院の教育をうけたり,研究活動を行っている。当然ながら,母語ではない言語でのコミュニケーションでは,十分に留学生の意思を指導教員などに伝えられなかったり,あるいは留学生に周囲の学生や教職員の意思が伝わらないということもおこりうる。

留学生と周囲の学生や教員のミスコミュニケーションが原因で，留学生が良好な人間関係をオン・キャンパスで構築できない場合は，学修にも支障をきたすことが多い。

　たとえば，授業の中で，グループ学習などが課された場合に，日本語運用能力が低いとみなされた留学生と同じグループになることを他の学生が拒んだり，不満に思ったりすると，その授業で課された学習課題に臨むことができなくなる。グループ学習などを授業に取り入れる場合には，担当教員は，留学生と他の学生間のコミュニケーションの状態をよく観察し，言語のバリアによって発生する障壁を解消するように支援する必要がある。

　また，教員が提示する資料や教授言語が標準語や現代語ではない場合や，資料が手書きの場合などは，留学生が授業や資料の内容を十分に理解できない場合がある。そのような場合には，授業や資料の内容が理解できないのか，あるいは授業や資料に用いられた日本語が理解できていないのかの確認を取るように留意したい。同様に，教室や研究室で用いられる言語が標準語ではない場合には，留学生は日本語学校等で標準語を学習しているために，十分に理解できていない可能性もあることを教職員や周囲の学生が認識できる機会を提供することも支援のひとつである。筆者は，関西に住んでいるが，留学生の多くは「関西弁」は大学入学後に初めて耳にし，「ほかす」という関西弁が，「捨てる」という標準語に対応することなどは，知る由もない。そのために，研究室などで，「実験データを打ち出した用紙は，シュレッダーして，ほかす。」と先輩学生に指導されても，意味が理解できない可能性はあり，指導に従わないと先輩学生が勘違いして，留学生との関係が悪化することもありうるのだ。

このように留学生に悪意はなくとも，日本語のミスコミュニケーションが原因で，クラスメイトや指導教員との関係に悪影響が及び，学修に支障をきたしている場合もある。

留学生の成績が著しく低い場合などには，留学生担当者が，留学生が受講している科目の教員から当該留学生の修学状況についてヒアリングを行うなどして，成績不良の原因を探り，日本語に起因するミスコミュニケーションが原因と思われる場合には，留学生に日本語運用能力を高めるように支援を行ったり，科目担当教員に，留学生の日本語運用能力について説明し，講義等では標準語を使用するように協力を求めたりすることも考えたい（留学生支援という観点だけでなく，受講する学生の授業内容の理解を深める教授法の工夫は，FDの一環という視点からも重要である）。

留学生の中には，母国における師弟関係と同じように，日本の指導教員との関係をとらえ，指導教員とのコミュニケーションをとることを遠慮しすぎたり，反対に，日本の指導教員は近寄りがたいと感じたりしていることもある。このような留学生側の「勝手な思い込み」によって，指導教員との関係が悪化し，学修に支障をきたす場合もある。大学院生の場合は，指導教員との関係の悪化は，研究活動の根幹に関わる問題となる。しかし，指導教員との人間関係について口外することをはばかる留学生も多いので，成績や単位取得状況などの客観的事実を糸口に留学生や指導教員に学修状況のヒアリングを行うところから支援を開始すべきかの判断材料を入手するというような細やかな配慮も必要になる。

2 オフ・キャンパスの学修支援

2-1 住居関係への支援

言うまでもないが,留学生に限らず,生活を営むために住居は必要である。留学生にとっては,学修に専念するためにも住居の確保と,安心して暮らすことのできる住環境は重要である。

日本では,まだまだ賃貸住宅に住むためには「保証金」や「敷金」が必要であったり,万一の事故に備えた「保証人」が必要だったりする。また,自治体によって異なるゴミの分別回収や,マンションなどにおける近所付き合いなども留学生の母国の文化と異なる場合が多く,近隣住民との円滑な人間関係構築への支援も必要になることがある。

(1) 「保証金」「敷金」「保証人」問題への支援

来日直後,ただでさえ,大学入学手続のために入学金や学費などの大きな出費をする留学生にとって,住居確保のために敷金や保証金という支出の負担は大きい。経済的な問題をクリアしても,「保証人」という問題もある。

保証金や敷金という経済的な負担の回避と,「保証人」を要さない住居の提供方法として,留学生に大学の寮が提供できればよいが,自大学で学生向けの寮を備えている大学は,まだまだ少ない。最近は,大学のグローバル化推進などを目的として,大学が留学生と日本人学生の交流を目的とした「混住型」の寮なども設置されつつあるが,寮の建設といった投資を行える大学の数は少なく,入居できる学生数も限られている。欧米のようなホームステイも,日本では

第4章　留学生の学修支援

留学生数に見合うだけの確保は、なかなか進まない。

　最近は、少子高齢化の影響で、入居者確保が難しくなった学生向けの賃貸物件のなかには、敷金や保証金、保証人も不要という物件も増えてきた。また、外国人入居者と日本人入居者の交流を謳った「シェア・ハウス」といった賃貸物件もあり、留学生が住居を確保するための障壁も低くなりつつある。地方自治体のなかには、地域の不動産業者の組合と連携し、留学生向けの物件紹介に協力する不動産業者のリストをつくっているところもある[4]。留学生担当者は、このような物件に関する情報を常日頃から収集するようにしたい。

　あるいは、学生への住居情報の提供が、留学生担当者とは別の部署の担当業務である場合には、留学生にとって日本の不動産事情が理解しにくく、さまざまな問題に遭遇するものであることを理解してもらえるように学内で働きかけることも大切である。

　民間の賃貸物件への入居に際しては、「万一の場合」に備えて、賃貸契約の締結に際して「保証人」が必要なことが多い。ひと昔前とは違って、日本にやってくる留学生は十分な留学資金を持っていることもあるが、日本社会における「保証人」は、単に経済的な連帯責任を負うことのみではないために、留学生にとって、住居の「保証人」問題は、解決しにくい課題である。「保証人」を確保できない留学生を支援するために、公益財団法人日本国際教育支援協会(JEES)が「留学生住宅総合補償制度」を設けている。この制度は、留学生の所属する大学等がJEESに協力校として「協力金」を納め、留学生本人も賠償責任などを補償する保険に加入し、大学等が住居の「保証人」を機関として引き受け、万一の場合には、保険金が支給され、大学等が賠償責任を少ない掛け金で補償できるというもの

である[5)]。

　この「留学生住宅総合補償制度」の理想的な活用方法は，留学生が所属する大学等が協力校となり，留学生の住居の保証人を学長等の役職で「機関保証」し，大学等が責任をもって留学生が賃貸契約に違反しないように指導し，万一の事故（水漏れ，ボヤなど）には，大学等が誠意をもって貸主に対応し，金銭的な賠償にはこの制度によって弁済される補償金を充てるという方法である。

(2) 近隣住民との円滑な人間関係構築への支援

　留学生がオフ・キャンパスの民間物件に居住することになったら，留学生担当者は，留学生が住居地域の「ゴミの分別回収ルール」や「ゴミの分別方法」について理解しているか確認するように心がけたい。

　近年の環境意識の高まりから，ゴミの分別回収や分別方法については，自治体だけでなく，地域住民も強い関心をもっているので，ゴミの分別への意識の違いから留学生と近隣住民とのトラブルに発展することもある。

　大学のなかには，所有する寮において，日本人のレジデント・アシスタント（RA）や留学生担当者が，寮の入居者である留学生に，「ゴミ出しのルール」について入居当初に何度も指導するようにしていることも多い。

　ゴミの分別回収などと併せて，町内会やマンションなどの管理組合といった住民の自主的な組織についての説明をしたり，回覧物の内容がわからない場合には内容を説明するといった支援も必要になることがある。

2-2 住居地の市町村区役所の手続きへの支援

　留学生が，無事に住居を定めた後に，必要となるのは住居地を管轄する自治体の窓口における「国民健康保険」や「国民年金」への加入手続きである。4月に来日した場合などは，日本人の就職・転勤・入学などの時期とも重なり，窓口が混雑し，届け出書類の記入モレのチェックなどが十分にできないまま提出してしまい，後で訂正に時間がかかるだけでなく，何度も役所に足を運ぶ時間と手間の無駄が生じることも多い。

　ある一定程度の留学生が居住する地域については，留学生担当者自身あるいは，留学生のサポーターやバディという留学生の支援活動を行っている学生に依頼し，役所の窓口での留学生の諸届けの手続きの補助をするという支援が望ましい。

(1) 「転入届」または「転居届」の手続きへの支援

　日本に「3ヵ月を超えて」在留し，住所を有する外国人は，住民基本台帳制度の対象となるので，住居を定めてから「14日以内」に住居地を管轄する市町村区の窓口で「住居地」を届けることが「出入国管理及び難民認定法」によって義務づけられている[6]。

　新規に日本に来日し大学等に入学した場合や，日本語学校等に在学していた時に住んでいた場所から大学入学を機に転居した場合には，「在留カード」を持参のうえ，住居地を管轄する市町村区の役所に行くことを，まず留学生に説明する。

　可能ならば，事前に「転入届」や「転居届」の書式を取り寄せておき，留学生に役所に行く前に記入させ，内容の確認を行い，窓口での手続がスムーズに行えるように支援する。

(2) 「国民健康保険」加入手続きへの支援

留学生に限らず,「在留期間が3ヵ月を超える」外国籍の居住者は,住居地を管轄する市町村区の国民健康保険に加入することが「国民健康保険・後期高齢者医療制度」によって義務づけられている[7]。

留学生のなかには,母国で海外旅行保険に加入しているといった理由で,国民健康保険への加入をしなくてもいいと判断してしまう場合もあるが,母国との貨幣価値の違いや,日本の医療機関で診療にかかる経費などを説明し,加入を促す必要がある。

国民健康保険の保険料などは,「前年の所得」をもとに算出される「所得割」が低くなるので,多くの留学生の保険料は高額にはならない。

国民健康保険加入者の医療機関の窓口での支払い額は,「3割」で済むことや,高額な医療費には「高額療養費」として自己負担限度額を超えた額が支給される制度があることなどを説明し,加入するように指導する。

留学生が国民健康保険の加入申込みを行う場合に,所得欄などの記入に誤りがないか,記入内容の確認などの支援を行う。

(3) 「国民年金」加入手続きへの支援

「国民年金」は,「20歳以上60歳未満の日本国内に住所のあるすべての人」が加入を義務づけられている。したがって,留学生も「国民年金」に加入しなければならない。ただ,留学生を含む学生には,「国民年金保険料学生納付特例制度」があり,「納付特例申請」を行い,承認されれば,国民年金保険料の支払いが猶予される[8]。

近年は、留学生のなかにも日本企業への就職をする者も増えていることを考慮すると、課程修了後、日本で就職し、働くようになってから猶予されていた保険料を支払い、受給要件を満たす年齢に達するまで日本に在住することもあり、そのような場合は、年金の受給者となりうる。留学生にも長期的視野にたった年金制度についての説明をし、国民年金の加入手続きをするように支援する。

2-3　経済面への支援

留学生にとって、日本の大学等に納める学費はもとより、生活費などの経費の確保は、大きな課題である。学費や生活費を十分に母国から仕送りしてもらえる留学生よりは、アルバイトなどをしながら留学生活を支えている留学生の数のほうが圧倒的に多い。当然のことながら、アルバイトなどに費やす時間が長くなると、その分、勉学に使える時間が減少する。アルバイトを通じて大学以外の日本社会を知るという利点をあげる意見もあるが、留学の目的は日本で学修することだということを忘れてはならない。入国管理法令上、アルバイトなどの収入を得る活動は、本来の在留資格である「留学」の「資格外活動」として位置づけられており、地方入国管理局の許可を得なければ行えない。「資格外活動」には、「1週当たり28時間以内（長期休業期間は、1日当たり8時間以内）」と時間の制限や、就労場所も「風営法の適用される場所では就労をしてはいけない」といった制限がある[9]。そのため、限られた時間で、時間単位当たりの収入がより高いアルバイトとなると深夜勤務や過酷な労働環境でのアルバイトであることも多く、その結果、体調を崩し、学修に支障をきたすこともある。また、「資格外活動」は、「留学」という

在留資格に対して認められた活動であるから、経済的に困窮した留学生が「休学して学費を用意するためにアルバイトをする」のは、本末転倒であり、入国管理法令上も「休学中の資格外活動は認められていない」ことを留学生には理解させ、間違った解釈のために法令違反とならないように指導するように努める。

(1) 学費の減免による支援

大学等では、留学生に対し、「授業料減免制度」を設けているところは多い。減免率は、個々の大学によって異なる。平成21年度（2009年度）までは、文部科学省により「授業料減免学校法人援助事業」として、留学生に授業料の減免などを実施した学校法人に対し、文部科学省が留学生の授業料を補助する事業が行われていた[10]。しかし、平成22年（2010年）3月に文部科学省は、この制度を平成22年度（2010年度）から廃止することを決定した。もちろん、大学等は、文部科学省からの補助のあるなしにかかわらず、大学独自の判断で自主的に留学生への授業料等の減免を行うべきであるが、援助事業の廃止に連動して、授業料減免を廃止したり、減免率の見直しなどを行ったりする大学等は少なくなかった。

少子高齢化の影響により、大学等のなかには、入学者の確保にも苦労するところも増えつつあるなかで、授業料などを減免してまで留学生を受け入れるべきかという議論や、アメリカの州立大学では、州内学生の学費は州外のアメリカ人学生よりも安く、外国人留学生は州外のアメリカ人学生よりも高い学費が設定されていることを考えれば、日本においても留学生の授業料を必ずしも減免すべきということではないという意見もある。

しかし、アメリカの大学などでは、授業料の減免はない場合でも、オン・キャンパスのアルバイトなどが留学生に提供されたり、入学試験において優秀な成績を修めた学生には奨学金の受給が入学前に決定されたりしていて、留学生にとっては、留学中の経済的な見通しを立て易いという状況があることも忘れてはならない。

(2) 学内奨学金支給による支援

　入学試験の成績が優秀な留学生に「奨学金」を支給し、学費等の減免に代わる経済的な支援を行う方法もある。奨学金は、修業年限までの期間にわたり支給するものでなくとも、単年度ごとに見直しができるように、入学試験の成績や前年度の成績によって、その年度の支給の可否を決める方法もある。奨学金の支給期間については、単年度ごとのほうが、留学生自身にとっても成績を上げるための動機となる好材料になるという意見もあるが、反対に次年度の支給が保証されない不安が学業に専心できない負の要因になるという意見もある。

　支給金額も、学内奨学金だからといって「一律」にする必要もないし、全員に支給する必要もない。成績や諸活動を勘案して奨学金の金額にバリエーションを設ける方法もあるだろう。

(3) 学外団体支給奨学金応募への支援

　文部科学省の「私費外国人留学生学習奨励費[11]」をはじめとした、学外団体が支給する留学生対象の奨学金に留学生が応募するにあたり、書類作成などへの支援も重要である。

　申請書類の内容確認や記述内容への助言をしたり、書類審査に次

いで面接試験がある場合に模擬面接を実施するという支援もある。留学生の出身国で事業展開をしている企業を訪問し，独自の奨学金の創設を働きかけるような活動も重要である。

また，奨学金を支給する学外団体のなかには，成績だけでなく，その団体の構成員と奨学金を支給される留学生が交流活動を行うことなどを支給条件としているものもあるので，そのような活動と学修活動のバランスへの助言も重要な支援となる。

(4) 学内における報酬を得る活動の提供による支援

平成 22 年（2010 年）7 月から「留学」の在留資格をもって在留する外国人が，在籍する大学等との契約に基づいて報酬をうけて行う教育または研究を補助する活動については，「資格外活動許可」をうけることを必要としないと法令の改正が行われた[12]。つまり，「留学」の在留資格をもつ留学生は，「資格外活動許可」をうけることなく，オン・キャンパスで，大学等と契約を結び，TA（ティーチング・アシスタント）や，RA（リサーチ・アシスタント）といった活動を行い，報酬を得ることができるようになったのである。

このようなオン・キャンパス・ジョブを「留学」の在留資格をもつ留学生に提供することは，経済的な支援となるだけでなく，その活動を通じて，留学生が学ぶことができたり，将来の研究職としての知識や経験を積むことができたりもするので，金銭面以外のメリットも勘案して，積極的に検討したい。

2-4　健康面への支援

経済的な支援を行っても，留学生の心身が健康でなければ，治療

や通院に時間と経費がかかり，学修に専心できない状況になるので，留学生の健康面への支援も重要である。

入学前に，留学生の健康状態についての情報を予め提供してもらい，持病などがある場合は，病状や服用している医薬品などについて母国の医師に英語で作成してもらった書類を持参するように留学生に指示しておくことも重要である。

キャンパス内では，留学生の健康状態を観察し，声をかけるなどして，早期の病気の発見などを留学生自身にも促すようにしたい。

(1) 定期健康診断の受診を支援

大学内で実施される学生対象の定期健康診断の受診をするよう留学生に勧めることはもちろんであるが，母国では受診したことのない検査項目や予防接種が併せて実施されることなどがあるために定期健康診断の受診を躊躇する留学生はいる。学生サポーターなどに依頼して，留学生と共に受診してもらうよう支援を依頼することもできる。宗教上の理由から，診察などに配慮が必要な留学生には，保健管理センターや保健室と相談して，受診しやすい環境を提供するような支援も必要となる。

(2) かかりつけ医療機関などの紹介による支援

留学生担当の教職員は，大学等の所在地あるいは留学生の住居地の自治体が提供している外国籍住民への日本語以外で相談できる医療機関の情報[13]などを調べ，予め，連絡をとる医療機関の情報を得ておくように留学生に勧めたい。

留学生の日常を知っている教職員と連絡がとりやすい医師として，

大学などが契約している「産業医」に診てもらったり，外国人患者の診察をしてくれる医院などの紹介を依頼することも検討できる。筆者も勤務校の産業医に協力を依頼して，学外にある産業医の医院で留学生の診察をしてもらったことがある。

(3) 精神的な疾患への支援

　言語や風習，気候風土の異なる外国で，留学生活を送るなかで留学生が抱えるストレスが，時には精神的な疾患を招くことがある。外科的な傷病とは異なり，精神的な疾患は，外見での判断がつきにくいために，本人自身も精神的な疾患があることに自覚がない場合や，周囲も病気であると認識していないことも多く，気づいた時には症状が重症化していることも多い。

　留学生と接する機会の多い指導教員や同じ研究室に所属する学生などを通じて，留学生の言動に，少しでも違和感を感じた場合には，遅滞なく留学生担当者に連絡をとるような体制をつくることは重要である。

　留学生担当者自身は，「専門家につなぐ」ことが重要であることを認識し，少なくとも英語で対応できる医師の連絡先を調べておくことや，精神疾患をもつ外国人の患者を受け入れてくれる病院を予め調べておくことは重要である。

　留学の当初の目的である学位取得などが達成できないままに帰国すること自体が，留学生にとっては，計り知れないストレスになっている場合は多い。しかしながら，自傷や他害の懸念のあるような状態の場合は，留学生の母国の在日公館の教育文化担当官と連絡を取り，早期に母国で治療をうけることができるように働きかけるこ

とも選択肢として重要である。

2-5　在留手続への支援

留学生に限らず，外国籍の住民にとって，在留手続は日本に居住するための基本的かつ重要な手続である。留学生担当者は，正しい在留関係の法令の知識をもつように心がけ，留学生の在留手続に関する支援を行うようにしたい。

(1) 「代理申請」による支援

留学生が国外において入学を許可され，日本に留学生として入国するためには，まず大学等の所在地を管轄する地方入国管理局に対して「在留資格認定証明書交付申請」を行い，「在留資格認定証明書」が交付されたら，留学生の母国から発行された旅券を持って，留学生の住居地を管轄する在外日本公館に日本入国に必要な査証（留学生の場合は「留学」の査証）を受けなければならない。しかし，海外から日本国内の地方入国管理局に「在留資格認定証明書交付申請」を行うことは，手間も時間もかかり，入学式までに来日するための査証が取得できない事態になりかねない。そのため，留学生を受け入れる大学等の教職員が国外にいる留学生の代わりに，日本国内で「在留資格認定証明書交付申請」を「代理申請」するという支援が必要となる。

留学生を受け入れる教育機関の職員は，特別な資格なしで，「代理申請」を行うことができるうえ，留学生本人が個人で申請を行う場合よりも提出書類などの種類も少なくなることもある。

2015年5月現在の「在留資格認定証明書交付申請[14]」における

「代理申請」の場合の提出書類[15]は，基本的には以下であるが，「不法残留者」が多い国・地域の出身の留学生や，「不法残留者」を多数発生させている教育機関については，経済支弁能力を立証する書類などの追加提出書類を入国管理局に提出しなければならない場合もある。

〈留学生本人が作成するもの〉

　①在留資格認定証明書交付申請書（所定様式）
　②申請者である留学生本人の写真（縦40ミリ×横30ミリ）2葉
　③旅券（パスポート）の写し
　④在留中の一切の経費支弁能力を証する文章

〈大学などが作成するもの〉

　①「入学許可書」などの留学生を受け入れることを立証する書類
　②非正規学生（研究生，聴講生，科目等履修生）については，大学等の機関が発行した「研究内容が記載された証明書」または「聴講科目及び時間数が記載された履修届などの証明書」

(2)　「申請取次」による支援

　留学生のもつ在留資格には，「在留期間」があり，在留期間を越えて日本に在留することはできない。在留期間は，留学生それぞれに違った期間であることもありえる。通常，大学等に留学している留学生の多くは「留学」の在留資格をもち，在留期間は，最長で「4年3ヵ月」，最短で「3ヵ月」である[16]。

　「在留期間」の終了までに，「在留期間更新許可申請」を行い，課程の修了まで日本に在留できるようにしなければならない。

　「在留期間更新許可申請」は，留学生本人が住居地を管轄する地

方入国管理事務所で行うことになるが、大学等の教職員が「申請取次者」として地方入国管理局に承認をされている場合は、大学等の教職員が留学生の申請を取り次ぐことができる「申請取次制度」がある[17]。

「申請取次制度」の利用により、留学生本人が授業を休んで入国管理局に出向くこともなく、また申請書類に含まれる「在学証明書」などの一部の書類を省くこともできるので、大学等にとっても事務の軽減になる。入国管理局にとっても、窓口に個々の留学生が申請に来て、窓口が混雑することを避けることができるというメリットもある[18]。

留学生が、学業に専心しやすいように、「申請取次制度」を活用し、留学生の在留関係の手続を支援することもできる。

大学等の教職員が「申請取次者」として承認されるためには、まず入国在留手続についての知識を有している必要があるので、入管協会などが実施する研修会などに参加しなければならない。そのうえで、以下の書類を大学等の所在地を管轄する地方入国管理局に提出し、承認をうけなければならない[19]。

〈「申請取次者」の承認をうけるための必要書類〉

①申請取次申出書(申出人は、組織の長。承認をうけようとする個々の教職員ではない。)

②承認をうけようとする教職員の入国在留手続に関する研修参加歴を記載した経歴書及び在職証明書

③入国在留手続に関する知識を有していることを証明する書類(入管協会などの開催する入国在留手続に関する研修の修了書など)

④承認をうけようとする教職員の写真2枚

⑤登記簿謄本・決算報告書（ただし，大学等の場合は，その概要を明らかにする大学案内やパンフレットなどで代替可能）

　地方入国管理局の承認をうけると有効期間3年間の「申請取次者証明書」が交付される。大学等の留学生を受け入れている教育機関は，年に1回，申請取次者の氏名と役職名，申請取次実績を地方入国管理局に報告し，申請取次者の承認をうけた教職員が退職したり離職した場合には，申請取次者証明書の返納と報告を行わなければならない。

　一見，大学等にとって申請取次を行うことは，業務負担が増加するように思えるが，留学生がスムーズに入国在留手続ができなかった場合に生じるトラブル解消に要する時間と手間を考えると，リスクマネジメントの観点から制度の活用が望ましい。留学生が在学中に必要となる主な入国在留手続のうち，以下の手続などは申請取次できるので，制度の積極的活用が望まれる。

〈「申請取次」できる手続〉
　①資格外活動許可申請
　②在留期間更新許可申請
　③再入国許可申請
　④在留資格変更許可申請

2-6　オフ・キャンパスの人間関係への支援

　キャンパスの外では，留学生は外国人居住者として生活をすることになる。また，留学生のなかには，母国から家族を同伴して留学している場合もある。留学生活が順調な場合には，大学等の留学生担当者が留学生のオフ・キャンパスの人間関係にまで関与すること

はないだろうが,キャンパスの外での人間関係のトラブルが原因で学修に支障をきたすこともあることを認識しておくことは重要である。

　留学生のウエルカムパーティーや,大学祭などの機会に,オフ・キャンパスで留学生がもっているネット・ワークの関係者を招くように企画するなどして,留学生担当者が,キャンパスの外における留学生と関わりのある人びとと直接に「面識」を得ておくことは,万一の時に役立つ。

(1) 同伴家族への支援
①同伴家族の日本語学習への支援

　同伴した配偶者などが,まったく日本語を話せない場合もある。そのような場合には,留学生は家族の買い物や通院などの外出に付き添う必要があり,日中の講義を休むことを余儀なくされることもある。

　同伴家族の日本語学習までを留学生の所属する大学等が提供することは,なかなか容易ではないが,留学生の住居地の地方自治体などが外国籍の住民に提供している日本語の学習機会の情報を入手し,留学生に提供するという支援ならば可能であろう。

②子どもの教育への支援

　同伴した家族のなかに,子どもがいる場合には,幼稚園や小学校,中学校,高校などの情報も留学生には提供したい。近年は,外国籍の児童への支援に自治体も積極的に取り組んでいるので,留学生の住居地の自治体に照会し,情報を提供する。

(2) アルバイト先の人間関係への働きかけ

留学生のなかには、アルバイト先の雇用主と、「親代わり」、「兄弟代わり」のような立場で留学生のことを扱ってくれる良好な人間関係を構築している者もいる。アルバイト先の同僚とのほうが、授業などで忙しいオン・キャンパスの級友よりも、私的なことを話し合ったりして、より強固な人間関係を構築していることもある。

留学生の多くは「留学」の在留資格をもっているので、「資格外活動」として地方入国管理局から許可をもらわないと収入を得るアルバイトなどは行えない。前述したように、「資格外活動」には制限があり、「1週当たり28時間以内（長期休業期間は「1日当たり8時間以内」）」である。雇用主などが入国管理法令を認識していないような危惧がある場合は、留学生を通じてでも、資格外活動の制限を伝えるようにする。制限を越えた活動をすると、留学生も雇用主も法令違反となり、処罰の対象となることを認識してもらうように働きかける。

(3) 地域コミュニティーの人間関係への支援

留学生の住居に関する支援でも触れたが、留学生の居住する地域における人間関係は、生活空間に関わることなので、影響は大きい。留学生だけが居住する「留学生寮」であっても、出身国や宗教が異なる留学生同士や、政治的に留学生の出身国同士が敵対関係にあると、留学生同士の人間関係が悪化することもある。

留学生担当者は、オン・キャンパスの学事的なことだけでなく、国際政治の動向などにも目配りし、留学生が不当な嫌がらせをうけたりしないように注意し、何かあれば、すぐに相談に来るように留

学生に予め説明しておきたい。

　留学生寮などを大学の敷地外に建設しているような場合には，寮の所在地の地域コミュニティーと寮に居住する留学生が交流できるようなイベントを大学等が提供するという支援も重要である。

　オン・キャンパスとオフ・キャンパスの「留学生の学修支援」について述べたが，大学等によっては，「オフ・キャンパスの留学生支援は大学の所管するところではない」といった方針をもっているところもあるだろう。また，「オフ・キャンパスの留学生支援が学修支援になるのか」といった疑問をもつ留学生担当者もいるだろう。

　筆者の経験からは，留学生をオン・キャンパスでの「学生」という側面だけでとらえるのではなく，オフ・キャンパスでの「生活者」としての側面も持つことを認識した支援が，結果的に留学生の学修支援にとっては，大きな成果を収めることが多い。

　留学生に限らず，学業に専心するためには，心配ごとや悩みごと，身体の不調などがないことが望ましい。留学生が学修に専心できる環境整備が支援の大部分を占めている。

　筆者自身も，過去に担当した留学生が，性格も良く，留学生のリーダー的存在だったのだが，学業においては成績が芳しくなかったために，成績によって受給対象者を決定する奨学金に推薦できないでいた。その留学生が学部の課程修了後に，留学生数も少ない他府県の国立大学に進学し，授業料の免除をうけ，奨学金も受給できるようになり，修士課程では優秀な成績を修めたと，留学生が母国に帰国した後しばらくたって報告をうけた。実は，その留学生は，持ち前の面倒見の良さで，アルバイト先の雇用主から他のアルバイト

留学生の指導やまとめ役などを依頼され，学修時間が十分に取れていなかったことも，その時に告白された。筆者は，学部時代の担当者として，十分な観察と支援ができていなかったことを深く悔いた。また，別の留学生は，入学試験の段階から日本人学生よりも優秀な成績を修めていたのだが，学年が進行するに従い，「勉強とアルバイトだけで時間が経つ留学生活」に虚無感を覚えるようになり，結局，課程修了を待たずに退学して帰国してしまった。筆者は退学を思いとどまるように何回か留学生と話し合ったが，アルバイトをまったくしなくてもいいような経済的支援の提供を確約することはできなかったうえ，日本人の同じ世代の学生との交流の機会を提供しても，留学生自身が参加しなければ，解決しない問題だった。筆者自身は，このような留学生たちの事例からも，留学生の学修支援には，生活の基礎となるオフ・キャンパスでの支援も重要であると考えている。

留学生を多数受け入れている大学等では，個々の留学生の学修支援に苦慮している所も多いだろう。留学生個々に対応できるだけの十分な数の教職員数を確保することは，人件費が大きくなるので，現実的ではない。留学生担当者だけが，「孤軍奮闘」するのではなく，周囲の教職員や日本人学生，あるいは留学生の先輩・後輩に，協力を依頼できることは依頼して，留学生支援のネット・ワークを広げるようにしたい。また，オフ・キャンパスのネット・ワークをもつことで，留学生支援にも広がりと深まりが出る。筆者も，留学生の経済的支援について大学独自の授業料減免制度以外の方法を探していた時に，文化活動を行っている学外の団体を知り，その団体のチャリティー活動の一環として留学生支援の援助金制度を創設い

ただいた経験がある。また，この文化活動を行っている団体の会員の方が，阪神淡路大震災の後，住居がなく困っていた留学生にご自身が所有されていた賃貸物件を無料で提供くださったこともあった。

「留学生受入れ30万人計画」や「スーパー・グローバル大学」といった政府主導の政策の影響もあり，日本の大学等が受け入れる留学生数は増加しつつある。これらの政策は，留学生数の数的増加が目標ではなく，「質のよい留学生の確保」により，日本の高等教育の国際化を推進することを目標としている。そのためにも留学生の学修支援には，オン・キャンパスとオフ・キャンパス双方での切れ目のない支援ネット・ワークの構築が重要であることを改めて強調しておきたい。

注
1) 日本語能力試験 http://www.jlpt.jp/about/levelsummary.html（2015年5月6日閲覧）
2) 実用日本語検定 http://j-test.jp/（2015年5月6日閲覧）
3) 〈参考例〉兵庫県国際交流協会「日本語学習支援コーナー」http://www.hyogo-ip.or.jp/jpss/（2015年5月6日閲覧）
4) 〈参考例〉ひょうごあんしん賃貸住宅事業 http://web.pref.hyogo.lg.jp/wd27/documents/anshin-youkou.pdf#search='%E5%85%B5%E5%BA%AB%E7%9C%8C+%E5%A4%96%E5%9B%BD%E4%BA%BA+%E4%B8%8D%E5%8B%95%E7%94%A3+%E6%94%AF%E6%8F%B4'（2015年5月6日閲覧）
5) 公益財団法人日本国際教育支援協会「留学生住宅総合補償制度」http://www.jees.or.jp/crifs/（2015年5月6日閲覧）
6) 法務省入国管理局「新しい在留管理制度がスタート！」http://www.immi-moj.go.jp/newimmiact_1/q-and-a_page3.html（2015年5月6日閲覧）
7) 〈参考例〉八王子市「外国人の方に関する国民健康保険の制度が変わりました」http://www.city.hachioji.tokyo.jp/kokuho/gaikokujinnkanyuu.html（2015年5月6日閲覧）

8) 日本年金機構 https://www.nenkin.go.jp/n/www/service/detail.jsp?id=1726 （2015 年 5 月 6 日閲覧）
9) 法務省「在留審査手続　資格外活動の許可（入管法第 19 条）」http://www.immi-moj.go.jp/tetuduki/zairyuu/shikakugai.html（2015 年 5 月 6 日閲覧）
10) 文部科学省「政府開発援助外国人留学生修学援助費補助金（授業料減免学校法人援助）交付要領」http://www.mext.go.jp/a_menu/koutou/ryugaku/1289775.htm（2015 年 5 月 6 日閲覧）
11) 日本学生支援機構「文部科学省外国人留学生学習奨励費給付制度について」http://www.jasso.go.jp/scholarship/shoureihi.html（2015 年 5 月 6 日閲覧）
12) 法務省「在留審査手続　資格外活動の許可（入管法第 19 条）」http://www.immi-moj.go.jp/tetuduki/zairyuu/shikakugai.html（2015 年 5 月 6 日閲覧）
13) 〈参考例〉神戸国際コミュニティーセンター「医療・健康」http://www.kicc.jp/kicc/guide/iryo/index.html（2015 年 5 月 6 日閲覧）
14) 法務省「在留資格認定証明書交付申請」http://www.moj.go.jp/ONLINE/IMMIGRATION/16-1.html（2015 年 5 月 6 日閲覧）
15) 入国管理局「各種手続案内　すべての人の出入国管理　在留資格認定証明書交付申請必要書類一覧」http://www.immi-moj.go.jp/tetuduki/kanri/syorui.html（2015 年 5 月 6 日閲覧）
16) 入国管理局「出入国審査手続 Q&A　在留資格一覧表」http://www.immi-moj.go.jp/tetuduki/kanri/qaq5.html（2015 年 5 月 6 日閲覧）
17) 公益財団法人入管協会「事前点検・申請取次」http://www.nyukan-kyokai.or.jp/jizen.html（2015 年 5 月 6 日閲覧）
18) 文部科学省「今後の留学生及び就学生の入国在留審査方針について」（平成 12 年 1 月 24 日付）http://www.mext.go.jp/b_menu/hakusho/nc/t20000124001/t20000124001.html（2015 年 5 月 6 日閲覧）
19) JAFSA（2012）『増補改訂版　留学生受入れの手引き』かんぽう，pp. 179-180，参照。

第 5 章

大学生の留学送り出し支援におけるプロセス評価
―ラーニング・ポートフォリオ活用の可能性―

杉野　竜美

1 本章の目的と背景

　本章では，大学の留学支援におけるラーニング・ポートフォリオの利用状況を調査し，今後の有効な活用について検討する。現在，さまざまな場面で大学の国際化が進められている。その背景としてグローバル化の進展があり，教育研究の国際競争力の強化やグローバル人材の育成が大学に求められているからである。そして，大学の国際化に関する諸相のひとつとして，大学生の留学送り出し支援がある。学生の留学前から留学後に至るまでのプロセスを評価するためにラーニング・ポートフォリオを利用している大学が増えつつあり，特に「経済社会の発展を牽引するグローバル人材育成支援[1]（以下，GGJ と記す）」事業を契機に増加している[2]。そこで，大学の国際化のプロセス評価として，留学支援におけるラーニング・ポートフォリオの利用状況を調査し，その可能性について検討する。

　はたして，留学を含む国際プログラムにおいて，ラーニング・ポートフォリオは十分に利用され，有効に活用されているのだろうか？大学教育においては，成績評価を改善する具体的な方策として期待

され (中央教育審議会 2008, p. 27)，ラーニング・ポートフォリオが学習改善やキャリア支援で有効に利用されている報告もある (小川・柳 2012)。しかし，単にラーニング・ポートフォリオのシステムを導入しただけでは，学習や教育の質の改善・向上にはつながらない例も報告されている[3]。本章では，GGJ に採択された大学に実施したインタビューを分析している。GGJ は 2012 年から開始されており，本調査段階では GGJ は終了していない。したがって，GGJ 中期段階におけるラーニング・ポートフォリオ利用状況から導いた結果であるが，いくつかの可能性を提示する。

ラーニング・ポートフォリオ利用状況の把握にあたっては，留学支援の分野でラーニング・ポートフォリオを利用している 5 大学を対象にインタビュー調査を実施した。調査結果から，留学支援特有の課題を抽出し，今後の活用の可能性について考察する。

本章は次の構成とする。まず，(1)ラーニング・ポートフォリオの概要を述べた後，(2)先行研究を整理し，大学がラーニング・ポートフォリオが導入されるに至った経緯や，意義・役割について整理する。次に，(3)留学生送り出し支援においてラーニング・ポートフォリオを利用している 5 大学担当部署に実施したインタビュー調査をもとに利用状況を探り，(4)留学支援特有の課題を抽出し，今後のラーニング・ポートフォリオ活用の可能性について考察する。

2　ラーニング・ポートフォリオの概要

評価方法としてのポートフォリオとは，学習者である学生自身が自らの学習過程や成果に関する情報を継続的に収集し，それをもと

に学習の程度を自己評価し、次に進むべき課題を見出すことを目的としたものである（大学基準協会 2009, p.20）。そしてラーニング・ポートフォリオとは、学習実践記録のことである。この記録とメンタリングによって「何を」「どのように」学習したのかを省察し、さらなる学習または目標達成へとつないでいく。

Zubizarreta（2008）は、ラーニング・ポートフォリオの基本的構成として「記録・証拠資料（Documentation/Evidence）」「省察（Reflection）」「共同作業・メンタリング（Collaboration/Mentoring）」をあげている（図5-1）。これらを、一連作業としてとらえることで、ラーニング・ポートフォリオが有益に活用されるのである。「記録・証拠資料」は、学生の学びのプロセスを蓄積したものであり、現在では大学から出された課題や活動報告のほかに、職員・教員・仲間との連絡を含む。コンピュータ上（特に、クラウド）に蓄積するのであれば、写真・音・映像などの大容量の記録を蓄積することも可能である。これらは、学習した内容やプロセスを提示するための証拠

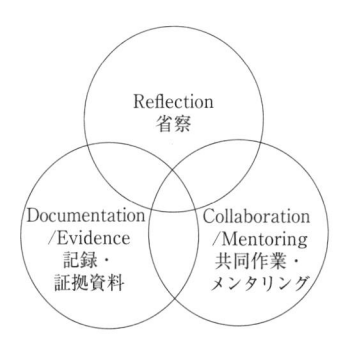

図5-1 ラーニング・ポートフォリオの基本的構成

(出所) Zubizarreta, 2008, p.1, Figure 1、および土持 (2010) 図表①をもとに作成。

資料でもあり，学習の省察そのものでもある。「省察」は，メタ認知とよばれる知的活動であり，自らの行動や思考を客観視し，具体的事実とそれを抽象化させたものを言語化していく作業である。「共同作業・メンタリング」は，「学生がどのように学習を実践し，省察するか」を支援するメンターと学生の作業や行為を指す。有意義な省察は，学習の共有財産を生成する際に共同作業とメンタリングの長所を利用することで促進される。

　後述するように，日本におけるラーニング・ポートフォリオの活用は，主に小中学校のなかで展開してきた。そこでは，生徒たちの学習記録集や作品集ともいえる紙媒体のものであった。しかし，今日いくつかの大学で利用され，本章で取り上げるラーニング・ポートフォリオは電子媒体で利用されているため，e ポートフォリオやデジタル・ポートフォリオとよばれることもある。本章で「ラーニング・ポートフォリオ」と記すのは，これがティーチング・ポートフォリオと対をなして学習者の学習改善を促す点に着目したからである[4]。そこで，使用する語も「ティーチング」と対をなす「ラーニング」の語を用いた。本章は，大学生の留学支援におけるラーニング・ポートフォリオに焦点を当てているが，その背景にある学習改善，大学の教育力といった大学の質保証と無縁ではない。このような背景を念頭に置いて，本章では学生の学習プロセス，成果，省察などの電子記録を「ラーニング・ポートフォリオ」の語で統一する。

3 ラーニング・ポートフォリオに関する先行研究

3-1 ラーニング・ポートフォリオの導入

　まず，ラーニング・ポートフォリオの先進国ともいえるアメリカでは，従来のものとは異なる新しい評価方法の開発に端を発している。1980年代後半，学力低下の課題を抱えるアメリカでは，教育成果の説明責任として標準テストが利用された（土持 2009, 167-168頁）。しかし，学校の質を標準テストの点数で測定することに対して，教師たちは「どれだけ教師や児童は努力したか」，「どのような成長と進歩を達成したか」が反映されないと批判した。そして，「子どもたちのためになり，教師たちを力づけ，親たちや地域の人びとに情報をよりよく提供する可能性をもつ評価の過程」（シャクリー B. D. 他，田中監訳 2001, p.4）として，基礎教育段階を中心にラーニング・ポートフォリオが存在した。教育者たちの説明責任は，児童全体の統計的データだけではなく，児童一人ひとりの情報を提供し，児童の参加を促すものへと発展したのである。行動主義から構成主義へとパラダイムが変化し，生きていくために必要な学力を養う学習者の自律的な学習である「真正な学習（authentic assessment）」が求められるなかで，それに伴う評価として登場した。

　日本におけるラーニング・ポートフォリオの導入も基礎教育段階から始まっている。特に「総合的な学習の時間」の評価としてクローズアップされた[5]。「総合的な学習の時間」で作成されたラーニング・ポートフォリオは学習成果物としての側面が大きい。しかし，その制作過程において教師は「子どもたちが取り組む学習活動の背後にあって，彼らの学習活動が活発に，しかも有意義なものになる

ような」(大隅 2000, p.20) 役割を担っており,学習プロセスを重要視している。

このように基礎教育で始まったラーニング・ポートフォリオを高等教育,特に大学が利用するようになったのは,大学の大衆化,全入時代を背景とし,学生の学力低下問題やさまざまなタイプの学生の存在によって,従来の教授法を見直す必要に迫られたからである(土持 2009, p.168)。そして,大学が学生の学習成果について責任をもつなかで,試験結果や成績だけでは測りきれない学習プロセスにおける学びや知識の活用を知るためにラーニング・ポートフォリオが導入されるようになった。つまり,学習と教授の質の改善に向けた評価として,大学はラーニング・ポートフォリオを導入した。大学基準協会の調査によれば,ポートフォリオを評価方法として取り入れている日本の大学は19.5％あり,その内61.3％が効果があったと回答している(大学基準協会 2009, p.57, 表9)。ポートフォリオを利用している大学は多くはなかったが,利用した大学ではその効果を実感していたといえる。

3-2　ラーニング・ポートフォリオの意義と役割

ラーニング・ポートフォリオの意義について,土持 (2009),田中 (2013),中央教育審議会「学士課程教育の構築に向けて(答申)」(2008) をまとめると,①効果的な授業改善,②単位制度の実質化,③学生の成績評価,④国際比較における大学質保証の4点をあげることができる。

弘前大学で授業を担当していた土持 (2009) は,学習者中心の大学づくりを目指して,ラーニング・ポートフォリオを用いた授業を

設計した[6]。その枠組みは，教室内授業，教室外授業，ラーニング・ポートフォリオ，MIT 方式試験[7]から構成されており，これらは中央教育審議会「学士課程教育の構築に向けて（答申）」(2008年12月24日)の学士課程共通の学習成果としての「学士力」に関する内容[8]につながっている。弘前大学では，授業前の図書館での準備〜ゲームを取り入れた授業導入〜グループ討論〜議論〜フィードバックの過程のうち，「図書館での準備」と「フィードバック」をラーニング・ポートフォリオとしてまとめる作業を行った。教員によるフィードバックと，ラーニング・ポートフォリオをまとめる作業から，学生は省察の機会をもち，なかには「意図せざる望ましい成果を発見」(田中 2013，資料シート10) し，学生の学習改善，ひいては効果的な授業改善がみられたことを報告している。

また，単位制度の実質化の点でいえば，「大学設置基準（文部省令第28号）第二十一条（単位）」との関連がある。ここでは，「一単位の授業科目を四十五時間の学修を必要とする内容をもつて構成することを標準」とすることが記されており，これによって大学・教員は，授業以外で15時間の自学自修を学生に促す必要がある[9]。前述の弘前大学の取り組みの成果として，学生の授業前の準備学習における能動的学習が学習改善につながったことを確認し，「能動的学習の促進という視点から学生自らが学習プロセスを省察したラーニング・ポートフォリオの意義は重要である」(土持 2009，p. 167)としている。

文部科学省は，学生の成績評価の点からラーニング・ポートフォリオの意義を述べている。中央教育審議会「学士課程教育の構築に向けて（答申）」(2008) では，「教育指導の過程全体を通じて，学生

の成長という観点から考えなければならない重要な課題」(p.26)として、成績評価について記しているなかで、個人の能力を評価する方法としてのポートフォリオ導入と活用の検討を大学に期待している。また、これに先立つ中央教育審議会大学分科会制度・教育部会「学士課程教育の構築に向けて(審議のまとめ)」(2008年3月25日)では、「多様な学習活動の成果を評価するという観点から、学習ポートフォリオの手法を積極的に取り入れていくことは有意義である」(p.26)と述べている。(学生が)「何をできるようになるか」に焦点を当てた成績評価を実施する場合、ラーニング・ポートフォリオは有意義といえる。

　国際比較における大学質保証の観点からも、ラーニング・ポートフォリオの意義をあげることができる。かつてOECDは、卒業直前の大学生が大学教育を通してどのような知識・技能・態度を習得したかを測定する世界共通のテスト「高等教育における学習成果調査(AHELO：Assessment of Higher Education Learning Outcomes)の計画を進めていた[10]。高等教育の国際比較において、卒業生数や論文引用数を比較するのではなく、「(学生が)どのような学びを得たか」を比較するためにテスト問題やルーブリックの開発が検討された。このような「OECDによる大学評価国際調査のあり方は、ラーニング・ポートフォリオの導入を示唆したもので注目に値する」と土持は述べている(2009, p.166)。

　これらをまとめると、自らの学習を省察し改善していく学生、学生を評価する大学、大学の質保証というあらゆるレベルで、ラーニング・ポートフォリオが有益に活用できることがわかる。

　以上は、大学の正課授業で利用しているラーニング・ポートフォ

リオに関する先行研究であった。次に，本章が取り上げる留学支援での利用にもっとも近い先行研究を取り上げる。

3-3 国際プログラムにおけるラーニング・ポートフォリオの役割

芦沢（2012）は，国際プログラムの質的評価のためのツールとして，ラーニング・ポートフォリオに注目している。グローバル人材育成支援やスーパーグローバル大学創成支援のほか，大学でさまざまな国際プログラムが進むにつれて，それらはさらに多様化していくものと考えられる。「これらの学習に関わるデータを質的にも量的にも把握し評価するツールの開発が急がれる」（p.1）ことから，欧州や北米で運用されている電子媒体のラーニング・ポートフォリオが，日本の大学でも利用され始めている。国際プログラムは，語学研修，正規留学，インターンシップ，ボランティアなどさまざまな内容があり，その期間も週単位から年単位のものまで多様である。このような多種多様な国際プログラムが実施されるなかで，「学生が学習体験を通じて何ができるようになったか」というアウトカム重視の評価軸をもつ学習成果分析における，ラーニング・ポートフォリオの果たす役割として，「a．組織的な指導」「b．英語標準テストなど，学生の力を把握」「c．留学期間中の危機管理」「d．学習到達度の確認と留学の準備。また，その指導」「e．データの蓄積とその利用」の5点をあげている。つまり，学生の学習活動の一時点（たとえば，プログラム修了時や卒業時など）をとらえるだけではなく，国際プログラム全体の有機的な評価として，ラーニング・ポートフォリオが有効に活用できる。

4 留学支援におけるラーニング・ポートフォリオの利用状況

4-1 調査方法・概要

本調査は，大学生の留学支援に関連する分野においてラーニング・ポートフォリオを利用している国内5大学と，ラーニング・ポートフォリオのコンテンツを提供している2企業に対してインタビュー調査を実施した。その内4大学（下表A～D大学）と1企業は，2014年12月21日（日）関西学院大学上ヶ原キャンパスにて開催された「Go Global Japan Expo」の会場にてインタビューを実施し，それ以外の大学・企業はそれぞれの所在地にて実施した。

インタビュー調査は，ある程度同じ項目を尋ねる形で，かつ自由に発言してもらう形で行い，半構造化インタビューと自由発言の中間的な調査方法を取った。

表 5-1 調査対象 5 大学概要

	A大学	B大学	C大学	D大学	E大学
設置形態	国立	国立	私立	私立	私立
GGJ採択	A	B	B	B	A
TGUP採択	A	A	B		
L・ポートフォリオ導入時期	2013年4月～利用	2013年4月～利用	GGJ採択後導入	2014年秋～利用	GGJ採択後導入

* GGJ＝GO GLOBAL JAPAN（「経済社会の発展を牽引するグローバル人材育成支援」2012年9月採択事業決定）：A＝全学推進型，B＝特色型
* TGUP＝Top Global University Project（「スーパーグローバル大学創成支援」2014年9月採択構想決定）：A＝トップ型，B＝グローバル化牽引型
（出所）著者作成。設置形態、GGJ採択状況、TGUP採択状況は、日本学術振興会HPの採択結果を参考にし、ラーニング・ポートフォリオ導入時期はインタビュー内容から抜粋した。

調査を実施した大学の概要は，表 5-1 の通りである。

4-2 諸大学の留学支援におけるラーニング・ポートフォリオ利用状況

(1) A 大学のケース

A 大学が GGJ（A：全学推進型）のプログラムでラーニング・ポートフォリオを利用し始めたのは 2013 年 4 月である。ただし，全学的には GGJ 以前から利用していた。さらに以前には工学部がいくつかの授業のなかで利用しており，独自の方法を展開していた。このように大学内でラーニング・ポートフォリオの経験が蓄積されていたが，GGJ プログラムで利用するラーニング・ポートフォリオの準備には時間と労力を要した。具体的には，ワーキンググループ（5～6 名）を編成し，ルーブリックの内容を詰めることに 1 年を費やした。そして，1 年間の試運転の間にデータを取り，その後本格的に始動させた。

GGJ プログラムでは，参加する学生 1 名に対してアドバイザー 1 名を配置している。このアドバイザーシステムは，工学部が実施してきた方法を踏襲したものであり，学生と教員が目標達成度について定期的に確認するものである。また，「目標達成シート」を利用して，学生自身の省察の機会を設定している。

ラーニング・ポートフォリオをよく利用する学生と，そうではない学生がいる。学生のアクセスを増やす目的もあり，留学，その他に関する情報をラーニング・ポートフォリオ上で提供している。また，海外短期派遣プログラムにおける事前授業で提出を課されるレポートをラーニング・ポートフォリオ上で提出させ，レポートの蓄

積を可能にしている。これは，後の省察を促す目的もある。

また，ラーニング・ポートフォリオ上で学生同士の交流をはかるために「コミュニティ機能」を設置している。しかし，学生はLINEなどを利用して交流をはかっており，この機能はあまり利用されていない。「コミュニティ機能」だけでなく，ラーニング・ポートフォリオへのアクセス数が少ない学生もいる。あまり利用していない学生には，よびかけなどの対処を行っているが，学生のアクセスを徹底することが目下の課題と考えている。

(2) B大学のケース

B大学は，GGJ（B：特色型）に採択された2012年にラーニング・ポートフォリオを導入した。導入後，準備期間に半年を要し，2013年4月から実際に利用している。プログラムでは，語学習得や専門分野に関連する短期留学，英語力アップのためのプロジェクトが実施されている。大学からの情報発信としては，オリエンテーションやセミナー（就職セミナーも含む）の開催に関する情報提供，課題の提示などに利用している。新情報は，学生のメール宛に連絡が入るように設定されており，メールで連絡をうけた学生がラーニング・ポートフォリオへアクセスするように仕向けられている。

学生の課題提出，英語力アップに関連する受講記録や評価記録もラーニング・ポートフォリオに蓄積され，これらの学生の状況を主に教員が把握し，管理している。学生の成長に向けて，教員がアドバイスを提示するシステムになっている。そして，学生が留学する際に，英語力アップのプログラムの情報を利用できるようになっている。

学生のラーニング・ポートフォリオへのアクセスに関しては，初期の段階では敬遠する学生もいる。職員は，学生のアクセス状況についてシステム上で把握できるので，利用していない学生に対して，メールで利用を促している。また，留学前にはラーニング・ポートフォリオを通してやり取りする習慣をつけ，留学時には十分に利用できるようにしている。しかし，学生の利用を浸透させることが困難だと担当者は感じている。

現在の課題としては，2013 年度に比べて 2014 年度になって留学する学生が減少したことである。これに関して特にあげられる理由もなく，説明会の開催や声掛けなどを行っているところである。

(3) C 大学のケース

C 大学も，GGJ（B：特色型）に採択されて，留学支援に関する分野でラーニング・ポートフォリオを導入した。C 大学では，それ以前から，別の学部で同じコンテンツのラーニング・ポートフォリオを利用していた。この以前から利用していたコンテンツに，GGJ のプロジェクト独自の到達度認定を盛り込んでいく形でラーニング・ポートフォリオを作成したので，準備に多くの時間は要しなかった。

C 大学の海外インターンシッププログラムは，学部の授業とは別のプログラムであるが，「事前授業＋海外インターンシップ＋事後講義」を経て単位が認定される。海外インターンシップに向けて，学生の英語力，専門分野に適したインターンシップのマッチングを行っている。

ラーニング・ポートフォリオでは，外国語の受講履歴，受験履歴や成績，海外渡航履歴，授業の出席などの記録，インターンシップ

プログラム独自の到達度認定に利用している。また，インターンシップに派遣された学生は，定期報告（月1回）や課題提出を行い，教員との連絡を取っている。業務報告以外にも，生活面での相談などについても利用している。学生（15名）の報告に対して，1名の教員が指導の一環として担当し，コメントを返している。「インターンシップにおける学生の学びは，企業の報告を通して把握しているが，ラーニング・ポートフォリオの利用によって実情がよく把握できる」と担当職員は述べている。

　課題としては，GGJが2年後に終了するため，このプロジェクトを事業として自立化していく必要があり，正課授業へ移すことを予定している。それにあたって，ラーニング・ポートフォリオには学生の学習状況，進路，就職，スキルなどの情報が蓄積されているので，これらをエビデンスとして提示し，改革へとつなげていきたいと考えている。つまり，C大学のラーニング・ポートフォリオは，学生の学習成果の蓄積だけでなく，大学改革に向けた資料の蓄積としての役割を担っている。

(4) D大学のケース

　D大学が，学生に向けて本格的にラーニング・ポートフォリオを稼働したのは2014年秋からであり，GGJ（B：特色型）のプログラムと同時期である。ラーニング・ポートフォリオを稼働するまでの準備期間は1年半であり，本調査対象の大学のなかでも比較的時間をかけている。導入にあたって，「ラーニング・ポートフォリオとは？」という段階から始まり，教職員（3学部各1名ずつ計3名の教員と，職員2名）の勉強期間を取り，特にルーブリックの開発に非

常に時間を要した。アメリカ留学経験があり、その時にラーニング・ポートフォリオを利用していた職員を中心に、ルーブリックの開発やシステムの整理を行った。これらの教職員と㈱エミットジャパンのノウハウによって、現在利用しているラーニング・ポートフォリオが出来上がった。

　ラーニング・ポートフォリオの導入の目的は、学生の自律的な学びを促進するためである。その学習支援として、学生は設定された目標に向かってステップを刻んでいけるように設計されており、その学習プロセスをアピールするための証拠資料として成果物をラーニング・ポートフォリオに蓄積していくようになっている。学生の成果物（写真も可）に対しては、教員がチェックしコメントを返している。また、「教員とのインターアクションで、お互いに『よしよし、ここまでできた』ということを承認し合う形で進めていきます」（担当職員談）というように、学生と教員の間で確認し合っている。現在、GGJ プログラムに参加している学生は 62 名、担当教員は 3 名であるが、学年末の「ふりかえり」セッションに向けて担当教員を増加する予定である。

　GGJ プログラムの対象は主に理系学部であり、理系学部では長期留学と専門分野を両立して学部の 4 年間で修了することが困難である。現在 GGJ プログラムで取り入れている留学は 1 週間の短期留学であるが、ラーニング・ポートフォリオの利用を充実させることで（たとえば、卒業研究を留学先で実施し単位として認めるなど）、理系学部で長期留学と専門分野の両立を可能にしていきたいと考えている。

⑸ E大学のケース

E大学は，GGJ（A：全学推進型）の構成調書にもラーニング・ポートフォリオについて記しており，採択と同時に導入した。構成調書は，担当部署の職員のほか，ポートフォリオを研究している研究員や教員と共同で作成した。GGJ に採択された折，複数の企業からラーニング・ポートフォリオの売り込みがあり，学内で検討したうえで1社に決定した。決定理由は，採用したラーニング・ポートフォリオが，ある程度フォーマットが出来上がっているため，構想期間が少ない状況でも利用が可能と考えたからである。GGJ 採択決定から約6ヵ月で導入に至った。

ラーニング・ポートフォリオの導入目的は，主に学生が学習について省察する機会をもつためである。そして，現在は，情報の蓄積として有効に機能している。長期留学の情報提供や出願，留学・奨学金の案内，外部団体の案内，派遣国情報，留学経験者の体験談など，あらゆる情報が一括して入手できるようにプログラムされている。この「一括情報」が学生のアクセスを促すものと考えている。また，他大学同様，課題の提示・提出，語学スコアなどの学習記録，海外留学経験歴の記録にも利用している。E大学が他大学と異なるのは，教員よりも職員の関与が大きいことである。教員の積極的な参加を望んでいるが，ラーニング・ポートフォリオに理解をもつ教員のみが利用しており，コースによっても教員の参加度は異なっている。学生の利用状況に鑑みると，職員の一方向的な利用にとどまっている。

学生同士の交流の場として「コミュニティ機能」を設定している。しかし，学生は LINE や Facebook などの利用度が高く，この機能

を利用している様子はない。ラーニング・ポートフォリオをSNSと連動させる点については，システム上難しい点がある。ラーニング・ポートフォリオの利用には，いったん大学パスワードを用いて大学のサイトへ入り，次にラーニング・ポートフォリオのパスワードを入力する必要がある。つまり大学内部に位置するラーニング・ポートフォリオと，大学外部に存在するSNSが連携することはシステム上難しい。

　課題として，学生の利用度についてあげている。新入生オリエンテーションで説明したことでログイン率が上昇しているが，さらなる学生の利用に向けて検討している。

4-3　5大学の利用状況に関する傾向

　インタビュー調査を実施した5大学のラーニング・ポートフォリオの利用状況に関する傾向についてまとめよう。

(1) 準備期間

　5大学がラーニング・ポートフォリオの導入を決定してから実際に利用するまでに要した期間は，半年間（B, E大学）から2年間（A大学）と幅がみられた。企業が提供するラーニング・ポートフォリオには，ある程度デザインされたコンテンツもあれば，大学独自のコンテンツを開発していくタイプもある。したがって，大学は状況に合わせて，短期間で導入することも可能であり，オリジナル開発に時間をかけることも自由である。導入までに時間を要したA大学とD大学では，ワーキンググループを立ち上げて，独自のコンテンツを開発していた。また，別の学部で，すでにラーニング・ポ

表 5-2　調査対象 5 大学の留学支援におけるラーニング・ポートフォリオ利用状況

	A 大学	B 大学	C 大学	D 大学	E 大学
(1)準備期間	2 年	半年		1 年半	半年
(2)主な利用目的	省察 情報提供	情報提供	学習成果の蓄積 学部改革のための資料	自律的な学びの促進	省察 情報提供
(3)教職員によるフィードバック	教員 (アドバイザー)	教員 (コメント)	教員 (指導の一環)	教員	職員 (教員)
(4)蓄積事項	レポート	課題、レポート、受講記録	出席・受講記録、英語の成績、海外渡航記録	(ルーブリック)	レポート、アンケート
(5)他学生との共有ページ	「コミュニティ機能」	×			「コミュニティ機能」
(6)SNSとの連携	×	×		検討中	×
(7)今後の課題	学生のアクセスを徹底	(留学者減少を食い止める)学生のアクセス	GGJプロジェクトの自律化 学部改革(正課授業に組み込んでいく)	学部在学期間中(4年間)での長期留学と専門分野との両立	学生の利用度アップ 教員の積極的な参加 目標設定の確認

(出所) 著者作成。インタビュー内容をまとめたもの。

ートフォリオを利用した経験があることで，導入準備が短縮されたケースもあった(C大学)。

(2) 主な利用目的

　主な利用目的は，学びや活動の省察・自律的な学びの促進といった学生の学習支援に加えて (A, C, D, E大学)，学習成果の蓄積を

学部改革へと導く資料として利用する大学（C大学）もあった。また，留学や奨学金に関する情報，留学経験者の体験談などの情報を提供していた（A，B，E大学）。

(3) 教職員によるフィードバック

学生の自律的な学びを促進するという点から，すべての大学でフィードバックが行われており，その主たる担当者は教員が担っている大学が多かった（A，B，C，D大学）。フィードバックは，学生の活動に対するコメントだけでなく，目標設定に向けた現段階の状況を学生と教員がともに確認（＝メンタリング）している大学もあった（A，C，D大学）。

(4) 蓄積事項

ラーニング・ポートフォリオに蓄積しているものとして，課題のレポート提出，英語テストの成績，受講記録などがあげられていた（A，B，C大学）。GGJプログラムと正課授業の単位互換を行っているC大学は，正課授業の出席記録もラーニング・ポートフォリオで管理していた。具体的な蓄積物を確認できなかったD大学でも，ルーブリック方式で学生の成長を確認しており，この記録が蓄積されている。

(5) 他学生との共有ページ

ラーニング・ポートフォリオでは，学生の個人ページにアクセスできるのは，基本的に本人と教職員である。また，設定によっては他学生と交流・共有することも可能である。たとえば，A大学とE

大学では「コミュニティ機能」という設定を利用して，学生同士および教職員との交流の機会を提供している。しかし，どちらの大学でも，「コミュニティ機能」はあまり利用されていないという。その理由として，LINEやFacebookといった既存のSNSを学生たちは頻繁に利用しており，あえて「コミュニティ機能」を必要としていないことがあげられていた（A，E大学）。

(6) SNSとの連携

上記と関連するが，SNSとラーニング・ポートフォリオを連携させている大学はなく，D大学が「検討中」と回答したのみであった。SNSとの連携については，後に再度取り上げる。

(7) 今後の課題

今後の課題は，学生のアクセスを徹底することや（A，B大学），学生の利用度をアップする（E大学）といった学生の利用に関する回答がみられた。また，ラーニング・ポートフォリオを利用して留学と専門分野を両立させるといった利用法に関するものや（D大学），GGJプログラムを正課授業に組み込み学部改革へと発展させることを課題としてあげていた（C大学）。

5 留学支援における特有の課題とラーニング・ポートフォリオ活用の可能性

ここでは，学生のアクセス・利用の向上と，ラーニング・ポートフォリオとSNSの連携の2点について論じよう。

はじめに，3大学があげていた学生のアクセス・利用の向上について取り上げよう。学生のアクセス・利用状況は，GGJ採択の枠組み（A全学推進型，またはB特色型）と関連している。つまり，学生のアクセス・利用を課題にあげていた3大学のうちA大学とE大学は，GGJのA（全学推進型）の枠組みで採択されている一方で，これを課題としてあげていないC大学とD大学はB（特色型）で採択されている（表5-1参照）。この違いからいえることは，次の2点である。第1に，A（全学推進型）では，留学を含む国際プログラムの対象が全生徒であるために，実際の利用者数にかかわらず利用割合が低いという印象を与えている。第2に，学生の専門領域と必ずしも一致していないために生徒とプログラムの目標設定に乖離があり，学生の利用を遠ざけている。対策としては，A（全学推進型）の国際プログラムであっても，各学部または学問分野によって学生へのアプローチを変化させることだ。各学部や学問分野によってアプローチを変化させるということは，全学推進型プログラムを担当する部署だけではなく，各学部の教員の積極的な介入が必要となる。これは「共同作業・メンタリング」において重要な関係者という，教員の役割を確認する機会になるだろう。別の対策としては，D大学のように，国際プログラムに参加する学生全員に利用を義務化することだ。そのためには，職員のほか，教員と学生にもラーニング・ポートフォリオの理解を徹底したうえで関係者の積極的な参加が求められる。

次に，コミュニケーションの重要性について取り上げる。これは，ラーニング・ポートフォリオの基本構成として重要な"フォーマル"な「共同作業・メンタリング」とは別の，日常に展開される"カジ

ュアル"なコミュニケーションを指している。C大学の職員はインタビューのなかで「学生は，生活面に関してよく伝えてくる。何で困っているのかなど，実際に近くにいるわけではないが，彼らの実情をよく把握できる」と語っていた。ラーニング・ポートフォリオを通して，海外で暮らす学生の日常や悩みを把握し，対応するといった，日常的コミュニケーションをはかっていたのである。海外で生活をしながら学んでいる学生は，その大小にかかわらず何らかの不安・悩み・問題を有しているものだ。小さな不安や悩みは，自己解決できるものもあれば，大きな問題へと発展する場合もある。後者の場合，学習だけでなく，留学そのものを継続できなくなることもある。したがって，学生の日常的な小さな不安や悩みを把握して，それに対処するということは，留学している学生の学習環境整備であるのと同時に，大きな問題への発展防止という危機管理対策としても機能する。

　そこで，この"カジュアル"なコミュニケーションのツールとして，SNSをラーニング・ポートフォリオと連携させることについて取り上げよう。ラーニング・ポートフォリオでは，職員と学生，教員と学生のコミュニケーションをはかることができる。これに加えて学生同士のコミュニケーションも可能になれば，学生の不安や悩みを解消する機会が増える。しかし，本調査では，学生同士のコミュニケーションをはかるための「コミュニティ機能」がある場合でも，それが学生たちに利用されていないことがわかった。その理由は，学生たちは，既存のSNSを利用してコミュニケーションをはかっているからだ。ならば，そのSNSとラーニング・ポートフォリオを連携させれば，留学中の生活と学習の様子が把握できるの

ではないだろうか。北米ではラーニング・ポートフォリオを既存のSNSと連動させている例もある。また、ラーニング・ポートフォリオのコンテンツを提供している企業のO氏によれば、日本でも技術的に可能であるとのことだった。留学中の危機管理対策として、ラーニング・ポートフォリオとSNSの連携を勧めたい。

6 今後のラーニング・ポートフォリオ活用の可能性

はじめに、学生のアクセス・利用を向上するために、教員の積極的な参加について論じた。しかし、これはシステムを導入する以上に実現が困難な場合もある。それには特定の職員や教員だけでなく、各大学、各学部の文化も関係するからだ。つまり、大学や学部の文化と融合するかたちで各関係者の理解を高めていくことが必要である。

次に、ラーニング・ポートフォリオとSNSの連携について論じた。この連携は、ラーニング・ポートフォリオの機能としては不可能ではない。しかし、必ずしも容易ではない。E大学では、ラーニング・ポートフォリオへのログインの前に、大学のシステムにログインするという。つまり、ラーニング・ポートフォリオと大学の外部にある既存のSNSが連携するというのが難しいという、大学のセキュリティシステムに関連する困難さについて述べていた。ラーニング・ポートフォリオの活用の可能性を拡大するためには、大学のシステム上の問題も考慮する必要があるのだ。

本章のおわりに、ラーニング・ポートフォリオでは「記録・証拠資料」「共同作業・メンタリング」「省察」の有機的な作用が重要で

あることを強調したい。学生のアクセス・利用は「記録・証拠資料」の蓄積という意味で重要である。しかし，蓄積するだけでは不十分である。学生のアクセス・利用の向上という課題の先には，学生の学習改善，留学の質改善がある。「メンタリング」と「省察」というラーニング・ポートフォリオの機能を通して，学生の学習改善，留学の質向上につながるのである。これを，学生，教員，職員が十分に理解し，活用することで，ラーニング・ポートフォリオの有益性は高まる。

付　記
　本章は，『大学教育研究㉓』に掲載された論稿を加筆・修正の上執筆したものである。

注
1) GGJ（GO GLOBAL JAPAN）：「経済社会の発展を牽引するグローバル人材育成支援」2012年9月採択事業決定。「A＝全学推進型（11大学）」「B＝特色型（31大学）」がある。
2) ラーニング・ポートフォリオのコンテンツ「manaba」を提供している㈱朝日ネットは「グローバル人材育成事業（GGJ）をきっかけに導入された大学が17大学ある」と，インタビューで回答している（2014年12月24日関西学院大学上ケ原キャンパス「Go Global Japan」会場にて）。GGJの採択は42大学なので，17大学は約40％に相当する。また，E大学担当者が「GGJに採択された時に，各社からラーニング・ポートフォリオの売込みがありました」と話していることから，GGJを機にラーニング・ポートフォリオを提供する企業の営業活動が活発になり，GGJに採択された大学がこの時期に導入したケースが多いと考えられる。
3) たとえば，本池（2013）は，メディア情報学部の実習授業で用いたLPの運用結果として「システムの利用の趣旨・目的を教員側に周知していなかったため，利用結果は低調な内容となった。」(p.61)と報告している。
4) 土持（2009）によれば，教員の授業哲学を基に展開する授業実践の記録が

ティーチング・ポートフォリオであり,この授業哲学・実践が学生の学習成果に反映する。学生の学習成果のプロセス,成果,反省を促すツールとしてラーニング・ポートフォリオがあり,ティーチング・ポートフォリオとラーニング・ポートフォリオを上手に組み合わせることが,優れた授業改善の秘訣だと述べている。

5) 基礎教育段階におけるラーニング・ポートフォリオは紙媒体(または作品)が中心であり,「学習ファイル」などのよび方で利用されている。
6) 土持(2010)執筆当時。
7) MIT方式試験とは,学生を授業に能動的に関与させるねらいをもったMIT(マサチューセッツ工科大学)が推奨する方式で,学生が試験問題を作成する。そのために,学生は授業に集中し,考えながら授業をうけることになる。教員は,学生の作成した試験問題の傾向から,学生がどのようなことに関心をもち,授業をうけたかがわかる。
8) 学士力に関する主な内容:①知識・理解(文化,社会,自然 等),②汎用的技能(コミュニケーションスキル,数量的スキル,問題解決能力等),③態度・志向性(自己管理力,チームワーク,倫理観,社会的責任等),④総合的な学習経験と創造的思考力。(文部科学省HP『「学士課程教育の構築に向けて」中央教育審議会答申の概要』より)
9) 1回分授業(90分)を2時間と計算し,×15回を1単位とする。
10) 2009〜2012年にフィージビリティ・スタディが実施され,その後終了している。

参考文献

芦沢真五(2012)「海外学習体験の質的評価の将来像(連載「国際プログラムの学習成果分析とEポートフォリオ」第1回)」ウェブマガジン『留学交流』2012年11月号,Vol.20, pp.1-7
http://www.jasso.go.jp/about/documents/ashizawashingo.pdf
(2015年2月22日閲覧)

大隅紀和(2000)『総合学習のポートフォリオと評価:その考え方と実際』黎明書房

小川賀代・柳綾香(2012)「キャリア支援のためのeポートフォリオ活用:日本女子大学の事例」小川賀代・小村道昭編著(2012)『大学力を高めるeポートフォリオ:エビデンスに基づく教育の質保証をめざして』東京電機大学出版局,pp.95-109

シャクリー,B. D.・バーバー,N.・アンブロース,R.・ハンズフォード,

S. 著,田中耕治監訳 (2001)『ポートフォリオをデザインする:教育評価への新しい挑戦』ミネルヴァ書房

正楽藍・杉野竜美・武寛子 (2013)「大学生の海外留学に対する意識の形成要因—日本の四年制大学における比較分析—」『香川大学インターナショナルオフィスジャーナル』第4号,pp.19-45

杉野竜美・武寛子・正楽藍 (2013)「大学生のキャリア展望をもとにした海外留学支援制度の在り方—日本の四年制大学におけるインタビュー調査より—」『国際協力論集』第21巻,第2&3号,pp.123-142

大学基準協会 (2009)「平成20年文部科学省大学評価研究委託事業 内部質保証システムの構築—国内外大学の内部質保証システムの実態調査—」2009年3月

田中正弘 (2013)「学資力を育てるラーニング・ポートフォリオ:弘前大学での取組を参考に」青森県立保健大学FD研修会資料
http://culture.cc.hirosaki-u.ac.jp/21seiki/Tanaka/Masahiro_Tanaka_2013_10_16.pdf (2015年2月22日閲覧)

中央教育審議会 (2008)「学士課程教育の構築に向けて(答申)」平成20年12月24日

中央教育審議会大学分科会制度・教育部会 (2008)「学士課程教育の構築に向けて(審議のまとめ)」平成20年3月25日

土持ゲーリー法一 (2008)「ラーニング・ポートフォリオ:学習改善のための省察的実践」『21世紀教育フォーラム』第3号,2008年3月,pp.15-29

土持ゲーリー法一 (2009)「8章 ラーニング・ポートフォリオ:学習改善のための省察的実践」『ラーニング・ポートフォリオ:学習改善の秘訣』東信堂,pp.164-190

土持ゲーリー法一 (2010)「ラーニング・ポートフォリオ活用授業〈上・下〉」日本私立大学協会『教育学術オンライン』第2394号,第2395号
https://www.shidaikyo.or.jp/newspaper/online/2394/3_2.html
https://www.shidaikyo.or.jp/newspaper/online/2395/3_3.html
(2015年2月9日閲覧)

東京工業大学 (2012)「平成23年度先導的大学改革推進委託事業 OECD高等教育における学修成果の評価(AHELO) フィージビリティ・スタディの実施の在り方に関する調査研究」(最終報告書)平成24年3月31日

藤本元啓 (2012)「KITポートフォリオシステムと修学履歴情報システム:金沢工業大学のポートフォリオ活用について」小川賀代・小村道昭編著 (2012)『大学力を高めるeポートフォリオ:エビデンスに基づく教育の質保証をめ

ざして』東京電機大学出版局, pp. 110-133
本池巧 (2013)「(授業研究) ラーニング・ポートフォリオシステムの構築と運用結果」『メディアと情報資源』第 20 巻, 第 1 号, pp. 57-63
Zubizarreta, J. (2008) "The Learning Portfolio: A Powerful Idea for Significant Learning," IDEA Paper #44, Individual Development and Educational Assessment Center.
Available: http://www.theideacenter.org. (2015 年 2 月 8 日閲覧)

参考サイト
朝日ネット「manaba」 http://manaba.jp/ (2015 年 2 月 12 日閲覧)
エミットジャパン「e ポートフォリオを活用した人材育成システム」
　http://ihma.jp/info-img/e-portfolio.pdf (2015 年 2 月 12 日閲覧)
国立教育政策研究所「AHELO」 http://www.nier.go.jp/koutou/ahelo/index.html (2015 年 2 月 12 日閲覧)
日本学術振興会「経済社会の発展を牽引するグローバル人材育成支援　審査結果及び採択事業概要」 http://www.jsps.go.jp/j-gjinzai/h24_kekka_saitaku.html (2015 年 2 月 12 日閲覧)
文部科学省「『学士課程教育の構築に向けて』中央教育審議会答申の概要」
　http://www.mext.go.jp/b_menu/shingi/gijyutu/gijyutu4/siryo/attach/1247211.htm (2015 年 2 月 12 日閲覧)

第 6 章

スウェーデンにおける教員養成課程の質保証に関する考察

武 寛子

　情報技術の進歩，教育システムの新自由主義化といった状況が世界各国で進んでいるなか，先進諸国における教員を取り巻く環境が大きく変化しており (OECD 2005)，さまざまな課題に対処可能な教員を養成することが喫緊の課題として注目されている。OECDの報告書によると，質の高い教員が十分にいないこと，教員の地位低下，給与の低下，教職の人員構成の高齢化などが背景となり，教職の魅力が低下しているという (OECD 2005)。特にヨーロッパ諸国では定年退職を迎える教員の数が今後増加することから，質の高い教員を雇用し，教員の質を維持することが共通の課題となっている (Niemi, Harford and Hudson 2012)。同様の状況はスウェーデンにおいてもみられ，他の専門職と比較しても低い給与形態であることやなかなか昇給しないことから大学を卒業した学生にとって教職が魅力的でないこと，質の高い教員ほど教職を去ることなどが，教職の質を低下させている原因だと考えられている。このように教員をめぐる諸課題は各国で共通している一方で，教員を養成するプロセス，その質を保証するための制度は多様である (Carlgren and Klette 2008)。ヨーロッパではボローニャ・プロセスのもと高等教育機関

の制度的共通化が進められているけれども，教員養成課程の内容や質保証制度は他の教育プログラムと比較しても多様性に富んでいる (Niemi, Harford and Hudson 2012)。

スウェーデンでは，高等教育機関における学習成果に関する議論が進められており，教職の質に関する上記の見解が教員養成課程の質保証の必要性を高めている。教員養成課程での教育が学生の学習および教員としての資質にいかに影響を与え，長期的な視点でみて学生が教員になった際に学校で学ぶ生徒にいかに影響を与えるかという点で注目されている (Åstrand 2012b)。また教員は教育を実践する専門職としての職務以上のことが求められており，適切なカリキュラムを設計し，新任教員の指導者になり，同僚と協働して教育活動を立案，策定することにまで責任が及んでいる (Carlgren and Klette 2008)。こういった教職に向けられるさまざまな要求が，教員養成課程の質保証の構築をさらに必須のものにさせていると考えられる。

本章ではスウェーデンを事例に，同国における教員養成課程の質保証について考察し，日本の教員養成課程における質保証への示唆を導き出すことを目的とする。スウェーデンを事例にする理由として，同国では質の高い高等教育を提供するため，国レベル・機関レベルでシステム化された質保証枠組みが確立していることがあげられる。高等教育機関における教員養成課程の位置づけを考えてみると，高等教育機関で提供される教育のなかでも教員養成課程の教育内容は多様性に富んでおり，他の教育プログラムと比べて目標が明確である (Åstrand 2012b)。つまり，教員養成課程を卒業した学生のほとんどが教員になるので，教員になるための資質，スキルを修

得しなければならないという点で教育目標が明確だといえる (Åstrand 2012b)。これまでの先行研究では，スウェーデンにおける教員養成課程のカリキュラムに関する考察がなされており（是永 2006，山田 2012，Åstrand 2012b），いかに教員養成課程の学習成果が定められ，質が保証されているのかについては議論されていない。そこで本章では，教員養成課程の質保証に焦点をあて，教員としての資質，スキルをどのように規定し，教員の専門職性をいかに確立しようとしているのか，質保証としてどのように教育プログラムを評価しているのかを考察する。

本章の構成は次の通りである。1節では，スウェーデンの教員養成課程の変遷について概説する。これを踏まえ2節において，高等教育機関における質保証枠組みを整理し，教員養成課程の質保証について考察する。高等教育機関全体の質保証枠組みを検討する理由は，教員養成課程の質保証の上位的位置づけにあるからである。全体像を把握することで，教員養成課程の質保証を考察することが可能だと考える。3節では，リンネ大学における教員養成課程の内部質保証について考察する。高等教育法で定められている学習成果がいかに機関内に取り入れられ，評価が実施されているのかを焦点にしている。最後に，スウェーデンの教員養成課程の質保証を踏まえ，日本の教員養成課程の質保証に対する示唆を導き出す。

1 スウェーデンにおける教員養成教育の歴史

1-1 1840年代〜2000年の教員養成改革

スウェーデンにおいて義務教育の国民学校 (Folkskola) が導入さ

れたのは1842年である[1]。本節では，義務教育制度が確立した1842年以降の教員養成教育の変遷を整理する。当時，教員養成教育は職業専門学校において実施されていた。教員養成教育は9ヵ月ほどの期間で実施され，その教育内容は地域によって異なり，十分に確立していなかったという（SOU 2008）。1842年以前には，ウプサラ，ストックホルム，ルンドの職業専門学校において教員養成教育が実施されていたが，全国的なものではなかった。上記の都市部以外の地方では，無資格の教員がインフォーマルな形態で低年齢の児童に対して教育を行い，地域によってその授業形態は"簡易的でその場しのぎ"なものだったという（SOU 2008）。1864年，無資格教員の数が増加したことに伴い，教員として雇用するための最低条件が示されるようになった。その条件とは，1) 文章を読むことができる，2) はっきりと書くことができる，3) 計算（加減乗除）ができる，4) 公教要理や聖書が理解できる，であった。教員としての基本的な読み書き計算の技術が求められていたが，どの程度これらの能力が備わっているべきか，どのような教員養成課程を提供するかなどは定まっていなかった。

　1865年，初等教育教員養成課程が成立し，9つの教員養成学校で実施された。1898年には20校の教員養成学校が設立された。1875年には中等教育教員養成課程が成立した。このプログラムでは，専門教科に関する科目に加え，教育実習，教育学概論，教育史，教育的課題に関するディスカッションの科目を履修し，加えて教育的課題に関する論文を2本執筆することが必須であった。1915年には履修科目が増え，教育哲学，心理学入門，学校衛生学，口頭発表に関する科目が追加された。

1946年に学校委員会が設置され，これにより総合学校の設立が検討された。中等教育教員養成課程の重要性が指摘され，そのための新しいプログラムについて検討された。学校委員会は，現状の教員養成教育について，プログラムによって教育内容が分化していることが問題だと指摘した（SOU 2008）。教育実践の技能不足に関する問題，教育実践と科目に関する教育内容との乖離などから，中等教育教員養成課程は学術的な科目が不足していることが問題視されていた。

1962年，学校教育法によって9年制義務教育課程である基礎学校，学習指導要領が制定され，以降10年間で基礎学校の全国配置が実現した。7歳から15歳のすべての生徒に対して，同一の無償学校教育を提供することも義務化された。義務教育課程の制定とともに教育制度と教育内容についても新たな視点が取り入れられた。教育制度における新たな視点として，初等教育と前期中等教育との制度的接続が整備されたことがあげられる。基礎教育課程を低学年，中学年，高学年の3段階に分け，最初の6学年[2]は，クラスで主に一人の教員から教育をうけ，7学年から9学年[3]では教科によって担当する教員が代わることとなった（ハデニウス 2000）。教育内容における新たな視点としては，社会システムや知識を学ぶ科目としてオリエンテーション科が設置されたことがあげられる。このオリエンテーション科は，自然領域オリエンテーションと社会領域オリエンテーションによって構成されていた。社会領域オリエンテーションでは国民，歴史，地理が学ばれ，発達段階に応じて学ぶ内容が定められていた[4]。このような学校教育制度の転換は，教員養成課程の変革を導くことになり，1学年から9学年まで幅広く教え

られる教員を養成することが急務になった。

　1960年代後半から1970年代において，幼児期から青年期までの総合教育を実現するために，さまざまな教育改革が実施された。1969年に新しいカリキュラムが基礎学校に導入され，1975年には就学前学校が設立された。1971年には普通科高等学校，補習学校，職業学校の3形態の学校が統合され，総合制高等学校が設立された。これにより，職業訓練系から大学準備のための理論系などさまざまなコースが提供されるようになった。この時期には教員養成課程においても大きな改革が行われ，1977年にすべての教員養成課程を高等教育機関で実施することが決まった。このように大規模な教育改革が実施されるなか，1978年，教員養成調査委員1974（LUT 74：Lärarutbildningsutredning）が提出した報告書には，学校や学校を取り巻く環境の変化が教員の役割に影響を与えていることが指摘された。LUT74は，教員は生徒の総合的な自己発達のための責任をもっており，そのために民主的なアプローチを促し，学校の透明性を高める必要があると指摘したという（SOU 2008）。また教員は，学校が社会的関与を高めるための責任を担っているとし，知識伝達だけに傾注することは教員の役割ではないと指摘する。つまり，生徒が自律的に学習し，分析し，行動できるように支援することが教員に求められる役割だと考えられていた（SOU 2008）。

　1977年以前，教員養成教育は大学以外の場で行われ，初等教育教員養成は約15ヵ所の職業専門学校で実施されていた。一方で，教科教員[5]を養成する職業専門学校は6ヵ所であった。LUT74は，初等教育教員養成において，一定の共通した内容のカリキュラムを構築することを提案し，140単位のうち20単位を必修科目とした。

140単位中60単位は、共通教育で、1年目の教育課程は実践教育の初歩に関する内容で構成され、教育学、教育方法論、教育実習は共通教育後に実施された。2学期、3学期は、コミュニケーションを中心とした共通教育、スウェーデン語と数学の発展コースで構成されていた。4学期から6学期は、60単位の専門教育が行われた。基礎学校低学年を教える初等教育教員を目指す場合、社会科学的な環境知識か自然科学的な環境知識の2つから選択しなければならなかった。どちらも10単位の英語、20単位の教育実践の修得が必要とされた。環境知識というのは、地球環境に関する知識だけのことではなく、男女平等の環境に関するものも含まれる。基礎学校高学年を教える初等教育教員を目指す場合、社会科学、自然科学、外国語（英語、ドイツ語、フランス語）の選択科目から選ばなければならなかった。

1980年には、基礎学校と総合制高等学校との内容に連続性をもたせるために、学習指導要領（Lgr80）が改訂された。この改革により、教員養成課程における基礎的な読み書き計算のスキルの育成、体験主義的な教育手法が重視された。分野別学習、社会科学、自然科学に関する分野は教員の基礎的な知識を構成するものとして重視された。特に社会科学オリエンテーション、自然科学オリエンテーションでは細目が提示され、教授内容が明確に示されるようになった。たとえば、社会科学オリエンテーションは「人間」「人間の周囲」「人間の活動―時間的展望」「人間の活動―社会的展望」「人間の生命と生存に関する知識：宗教知識」で構成されており、これらについて教授可能な教員の養成が求められた。教員養成課程のなかでも高学年の教員を目指す学生は、特に社会科学と自然科学が重要

視され，取得しなければいけない科目数も多かったという (SOU 2008)。

1991年に実施された教育改革では，学校の管理運営権を地方自治体と各学校に委譲することを目的に，教育システム全体において大規模な教育・学校制度の改革による規制緩和・選択の拡大が行われた。これにより 1994 年に新しい学習指導要領が承認され，基礎学校の低学年を1学年－3学年，高学年を4学年－9学年にすることになった。このような教育改革のもと，教員養成課程もまた変革を要した。1995 年，教員養成課程調査委員会が設置され，全国の高等教育機関で提供されている教員養成課程に関する調査が実施された。これにより，教員養成課程に学術的側面が不足している点，履修科目と教育実習との関連性が希薄化していることなどが指摘された (Ds 1996：16)。

1997 年，教員養成委員会 (LUK97：Lärarutbildningskommittén) が提出した報告書では，従来の教員養成課程が科学的知識の教授が不足している点，学生の選択の自由を過度に重視している点，重要な学術知識が不足している点が批判された。LUK97 による調査で，教員養成課程の改革のうえでどのような問題が歴史的に介在しているのか，他国における教員養成の状況，各機関における教員養成課程の問題点に関する調査が行われた。また教員養成課程を修了した卒業生にもアンケート調査を実施した結果，当時の教員養成課程の課題が浮かび上がった。それは，(1)教員養成は学術的な教育をするべきである，(2)教員は継続性，専門性，効率性そして高い質で特徴づけられる，(3)教員養成は将来の職業生活において，継続的な専門性の発展に必要な基礎を築くためのものである，(4)教員の魅力と地位が高められるべきである (SOU 2008)，の4点である。さらにこ

の調査では，異なる学齢児童や学校の種類によって教員の求められるスキルについて分析している。その分析結果として次の3点を共有するべき点だとしている—1) 教員養成教育全体を特徴づける全体的な視野を育成する，2) すべての教員に求められている重要な知識やスキル，3) 特定の学齢児童，学校の種類によって求められる知識やスキル。

上述の調査を通じて，すべての教員が共通した教育学的知識，スキルをもつ必要性があると考えられ，2つの新しい学位—基礎教育，教科教育—が導入された。幼稚園教諭，初等学校教諭，中等学校教諭，高等学校教諭など教員資格段階によって就学期間が多様（3年から5年半のフルタイムでの修学期間）であったものをよりシンプルに2つの学位に置き換えたのである（Åstrand 2006, SOU 2008）。基礎教育は就学前教育，初等教育低学年（1-3年生），初等教育高学年（4-6年生），課外活動の4つの分野に分かれ，教科教育は，後期中等教育（7-9年生），成人教育，職業教育，芸術教育の4つの専門分野に分かれていた。

以上のようなLUK97の提案した教育内容が2000年から2001年にかけて実施された教員養成改革において反映された。LUK97による調査を通じて教員養成課程における科学的知識の育成が課題であるという認識が高まったことが背景となり，「研究機関としての教員養成課程」が目指された（Åstrand 2006）。この改革は，プログラム内容をすべての学生が共通して履修する一般教育，教科別教育，専門教育の3つで構成されている。一般教育は，60単位配分されており，教員養成課程に在籍するすべての学生が履修しなければならない。その内容は，社会と発展に関する知識，教授法，特殊

教育，情報教育，スウェーデンの社会と学校の価値観である。教科別教育は 60 単位で成り立っており，そのうち 30 単位の教育実習が含まれている。専門教育は 30 単位以上で構成されている。実際のプログラム内容は学生が選択する教育段階，教科によって修学年数や履修単位数が異なり，内容もまた多様である。すべての学生が履修する一般共通科目を設定し，さらに専攻ごとで育成する知識・スキルの目標を設置することで，教員としての基礎を固め，専門分野を深化させることが目指された。実践的で役に立つと同時により理論的に高度な教員養成を提供することが目的であった (cf. Åstrand 2006；Åstrand 2012b, p8)。

その後 2011 年に実施された教員養成改革では，教員としての質を保証し，専門性を高めるために，高等教育法の改訂がなされることになる。次項では，その改革内容について概説するとともに，いかにして社会的に教員の専門職性を高めようとしているのかについて考察する。

1-2 2011 年からの新しい教員養成課程と教員登録

2009 年の政府公式調査答申である"クラス最高の―新しい教員養成課程 (Bäst i klassen-en ny lärarutbildning, Prop. 2009/10：89) [6]"において，教員養成課程に関する新たな制度が提案され，教員養成課程を通じて取得できる学位を 4 つにすることとした。その 4 つの学位とは，就学前教育，初等教育，中等教育，職業教育である (表 6-1)。上述の通り，この新しい提案は高等教育法の改訂を要するものであり，学位を授与する高等教育機関は新たに認証評価をうけなければならない。

表6-1 教員養成課程

就学前教育 (210 単位)	初等教育 (180〜240 単位)			中等教育 (270〜330)単位		職業教育 (90 単位)
就学前教育	初等教育 および 課外教育	就学前教 育および 基礎学校 1〜3年生	基礎学校 4-6年生	前期中等 教育・基 礎学校 7-9年生	後期中等 教育	職業教育
3.5年	3年	4年	4年	4.5年	5年	1.5年

注) 年数は教育課程年数を示す。
(出所) 高等教育法をもとに作成。

4つの新しい専門職学位は教科に関する知識, 専攻科目以外の知識も求められ, なかでも初等教育, 就学前教育に対してはより一般的な知識とスキルを身につけること, 教科教育や職業教育については知識の専門性が求められている。卒業に必要な履修単位数は教育段階によって異なるが, 教員養成課程に所属するすべての学生は, 教育科学科目 (一般的な教育スキルを身につける) (60 単位), 教育実習 (30 単位) を履修しなければならない。教科教員を目指す学生は, さらに専門教育 (90 単位) を履修しなければならない。

就学前教育は210 単位で構成されている。このプログラムは, 就学前教育に従事する人材を育成するためのものであることから, 未来の保育士が修得するべき知識, 子どものニーズにあった学習やケアを可能とするスキル, 読み・書き・基礎的な計算に関する確かな知識が求められている。

初等教育は3つの分野に分かれており, 就学前クラスと基礎学校1-3年生, 基礎学校4-6年生, 初等教育および課外教育である。就学前教育と基礎学校低学年の教員を養成する初等教育学学位は, 240 単位を修得しなければならない。このプログラムは, 全教科を

教えられる幅広い知識を育成し，生徒の発達に必要な知識を備えることが求められる。読み，書きの上達に関する知識，数学に関する知識が必要である。基礎学校4-6年生を対象にする初等教育学学位は240単位で構成されている。教科に関する詳細な知識が求められている。スウェーデン語，数学，英語以外の教科（社会科学教科，自然科学教科，技術）は選択制で，これらに加えて教育実習がある。課外教育の教員になるためには，初等教育学学位180単位を修得しなければならない。このプログラムは，教室外での教育方法に関する知識，教育実習で構成されている。

中等教育は基礎学校7-9年生，後期中等教育の2つに分かれている。基礎学校7-9年生の場合，270単位を修得しなければならない。そのうち195単位は専攻教科に関する科目についてで，論文や教育実習も含まれている。複数の教科を教えられるように，3つの教科を専攻しなければならない。これは，教員の就職率を高めるためである。後期中等教育の場合，300〜330単位を修得しなければならない。そのうち，225〜255単位は専攻する科目に関するもので，論文や教育実習も含まれる。2教科教えられるよう，専攻教科は2教科履修しなければならない。

職業教育学位を取得するには90単位が必要である。このプログラムは期間や場所などに柔軟性があり，職業教育教員になるための職業スキルを修得することを目的としている。

新たな学位は2011年秋に導入された。それに先立ち，2011年の6月には教員登録制度が取り入れられた。具体的には，学位を取得し，1年間の研修期間を修了した者，また2011年6月以前に学位を取得し1年以上教員として働いている者が登録をする必要がある。

研修期間は，専門職への入り口を整備するため，また教員としての適性を判断するために設けられた。研修期間中，新任教員には指導係がつき，日々の教務における支援をうけることができる。1年間の研修期間を修了し，教員として適切な人材であると校長が評価・判断した場合，校長が教員登録の推薦をすることになる。教員登録の手続きを終えた教員にのみ教員免許が授与される。2013年12月以降，登録をした教員のみ正規雇用されることになった。登録に必要な書類は，(1)学位記(外国人の場合，外国人教員資格証明書を提出)，(2)スウェーデン語の語学証明書，(3)教職履歴書である。2011年6月までにすでに学位を取得している教員は，登録料はかからない。2011年6月以降に学位を取得した教員は1500SEK支払う必要がある[7]。

　校長が研修期間の教員を評価する際，教員養成課程で学習した内容を身につけているか，教員として適切な指導力があるかが評価項目となっている。つまり，教員養成課程を修了した学生は，高等教育機関で学習した内容が引き続き重視されることになり，社会に出てからも高等教育機関での教育の質がより重視されることになる。Åstrand (2012b) によると，高等教育機関は教員養成課程を専門教育として位置づけておらず，重要視されていないという。新たな教員養成課程と教員登録制度の導入は，卒業後も教員としてのスキル・資質を評価する指針として高等教育機関での教育内容が重視されるようになり，教員養成課程を専門教育プログラムとして各機関が認識するために重要な措置のひとつになると考えられる。

　次節では，高等教育機関における質保証枠組みについて整理するとともに，教員養成課程の学習成果について考察する。

2 教員養成課程の質保証

2-1 高等教育機関における質保証

　スウェーデンでは1993年の高等教育改革を契機に，高等教育の質向上が掲げられた。各機関に大幅な自治権が認可されるようになり，各機関は入学生の選定基準を設定することが可能となったのである。2007年にはボローニャ・プロセス[8]に参加し，教育制度を3年間の学士課程，2年間の修士課程，3年間の博士課程に統一した。また国際競争力を高めるために，教育の質保証を強化する政策が進められ，高等教育機関での学習内容とその結果の評価が重視されるようになったのである。高等教育の質保証，国際化に係る業務を簡略化し，これらの活動をより明確にするために，組織再編がなされた。すなわち，高等教育庁，国際プログラム事務局 (Internationella Programkontoret)，高等教育サービス庁 (VHS：Verket för högskoleservice)[9] の3機関が統合され，2013年1月に高等教育局 (Universitetskanslersämbetet: the Swedish Higher Education Authority) と高等教育審議会 (Univiersitets och högskolerådet: the Swedish Council for Higher Education) が創設されたのである。高等教育局は，高等教育機関における質の評価，高等教育機関の監察，統計の管理と分析を行う。高等教育審議会は，入学管理，外国教育の評価，交換留学や国際協力に関する情報提供，北欧諸国および欧州諸国間における教育交流，差別の撤廃・権利と機会の平等に関する促進活動に関する業務を担う。これまで高等教育庁が担っていた質保証に関する業務は前者に引き継がれている。このようにスウェーデンにおける質保証は，国際的な状況に応じて変容しながら柔軟に発展してきた。

2011年から2014年には新たな質保証枠組みが制定され，アクレディテーションとプログラム評価の2つで構成されている[10]。プログラム評価は学生の学習成果を評価の対象としており，学生の業績（卒業論文）が評価される。以前の質保証は教育の過程，カリキュラム，手法などの教育のプロセスを重視していた（Nilsson and Wahlén 2000）が，新しい質保証ではアウトカム（学習成果）にのみ焦点を当てている（Högskoleverket 2011d）。

学生の業績（卒業論文）の評価をもとに高等教育局は各機関のプログラムを「もっとも高い質」，「高い質」，「不十分な質」の3段階で評価する。具体的な評価過程としては，高等教育機関，第三者，高等教育局によって段階的に実施される。各機関は高等教育局によって定められた自己評価枠組みに則って自己評価を実施しなければならない。自己評価報告と学生の学習成果をもとに第三者が高等教育機関を調査し，評価することになっている。第三者とは，評価対象となるプログラムに関する専門家，学生，労働者の代表で構成されている。第三者が評価する際，学生の卒業論文が高等教育規則で定められた学習成果を満たしているかが主な焦点とされる。最終的に上記の3段階の評価を行うのは高等教育局で，その評価結果は高等教育局のホームページに掲載されている[11]。

最終的に「もっとも高い質」と評価されたプログラムに追加的資金が配分される。不十分な質と評価された場合，再度モニタリングをうけることになり，不承認となれば学位授与権の剥奪が検討されることになる。評価結果をもとにした追加的資金の配分は，2013年度から開始されている[12]。

上述のように学習成果は，コースやプログラムで学生が提出した

卒業論文が評価される。これは、学生の能力を評価するために行われるのではなく、学生がコースやプログラムを修了した時点で、コース／プログラムが掲げている目標を達成することができているかどうかが評価される。その際の基準となるのが高等教育規則において明示されている、「知識と理解」、「コンピテンスとスキル」、「判断とアプローチ」である。しかし、卒業論文を評価対象とすることについては次のような批判もある。評価者がどの卒業論文を評価するのかによって結果が異なること、卒業論文だけで高等教育規則に掲載されているアウトカムを達成していると判断することは難しい（たとえば、倫理的視点を養っているかという側面については卒業論文だけでは判断できない）ということである[13]。

それでは、教員養成課程ではどのような学習成果が設定されているのだろうか。次項において、教員養成課程における質保証枠組みについて考察する。

2-2 教員養成課程における質保証枠組み

現在スウェーデンでは26の高等教育機関において教員養成課程が提供されている。2008年の高等教育庁（当時）による評価では、そのうち10機関が不十分な質という評価をうけた（Högskoleverket 2008b）。10機関のうち8機関において、教員の博士号取得の割合が低いことが問題として指摘されている。ルレオ科学大学やマルメ大学では、一般教育のカリキュラムが不十分であることが問題視され、不十分な質と評価された。

高等教育法では、専門的な教員としての資格を得るために、学生は教育活動において自律的に活動し、自身の知識と能力を高める資

表6-2 教員養成課程（初等教育）の学習成果

		初等教育および課外教育	就学前教育・基礎学校低学年	基礎学校高学年
知識と理解	専門的実践に必要な最新の調査，研究を含め，課外教育に関する知識と理解をもっている。	○		
	専門的実践のために必要な作業を展開し，最新の調査に関する知識と理解をもっている。		○	○
	子どものコミュニケーションと言語の発達に関する知識と理解をもっており，基本的な読み，書き，計算の知識と理解をもっている。	○	○	○
	実用的な学習プロセスを実施することに関する知識と理解をもっている。	○	○	○
	専門的実践のために必要な教授法について知識と理解をもっている。	○	○	○
	専門的実践のために必要な子どもの成長，学習，ニーズ，状況に関する知識と理解をもっている。	○	○	○
	社会的関係，紛争管理，リーダーシップに関する知識と理解をもっている。	○	○	○
	学校システムの組織，学校教育に関連のある政策文書，カリキュラム理論，さまざまな教育学的・道徳的視点，学校制度の歴史に関する知識と理解をもっている。	○	○	○
	科学的理論，量的・質的調査手法，科学的基礎と立証された事例と専門的実践のための有効性に関する知識と理解をもっている。	○	○	○
	生徒の学習と成長を評価するための知識と理解をもっている。	○	○	○
コンピテンスとスキル	生徒に意味のある，さまざまな課外教育を提供することで，生徒の学習と成長を促すことができる。	○		
	専門的知識とスキルを高めるために，批判的に，自律的に活動し，自身と他者の経験や教育に関連する調査を省察することができる。	○	○	○

	アイデンティティ,性別,人間関係などの問題に配慮し,コミュニケーションをとることができる。			○
	すべての生徒が学習し,成長するための機会を創造することができる。	○	○	○
	生徒同士の学習と成長を促すために,生徒の知識や経験を活用することができる。	○	○	○
	生徒の学習と成長を促すために,個人で,または他の教員と共に,教育活動を計画,実行,評価,開発することができる。	○	○	○
	特別な教育ニーズを認識し,これらに対処するために他者と協働することができる。	○	○	○
	生徒の学習と発達について観察し,報告し,分析し,評価することができる。また生徒や保護者に報告し,協力することができる。	○	○	○
	人権や民主主義を含む学校の価値観について話し合うことができる。	○	○	○
	差別や虐待を防ぎ,立ち向かうことができる。	○	○	○
	教育活動においてジェンダーや平等性について考え,話し合い,視野を確立することができる。	○	○	○
	教育活動を支援するために,聞いたり,話したり,書いたりするコミュニケーション・スキルをもっている。	○	○	○
	教育活動において情報技術を安全に批判的に使用することができ,さまざまなメディアやデジタル環境の役割の必要性を考えることができる。	○	○	○
	専門的実践に必要なスキルを高め,教育活動を実践することができる。	○	○	○
判断とアプローチ	自己認識と共感をもっている。	○	○	○
	生徒と保護者に対して専門的なアプローチをとることができる。	○	○	○
	人権,特に条約に基づいた子どもの人権や持続的開発に関する科学的,社会的,道徳的側面に関連した教育活動をすることができる。	○	○	○
	教育活動における自身の知識とスキルをさらに高める必要性を認識している。	○	○	○

(注)○は該当する項目をあらわしている。
(出所) Högskoleförordningen (1993:100)

表6-3 教科教員の学習成果

知識と理解	専攻科目に関する幅広い知識，特定の分野に関する深い知識，最新の調査研究の理解を含め，専門的実践に必要な教科に関する知識と理解をもっている。
	青年期の生徒への教育を理解し，実務的な教育に必要な教授法について理解している。
	専門的実践に必要な科学と経験の関係に関する知識をもち，科学的理論，質的・量的調査の手法に関する知識と理解をもっている。
	教育活動に必要な子どもの成長，学習のニーズ，能力に関する知識と理解をもっている。
	社会的関係，紛争管理，リーダーシップに関する知識と理解をもっている。
	学校制度，組織，関連する政策文書，カリキュラム理論，さまざまな教育学的視点，学校制度の歴史に関する知識と理解をもっている。
	評価に関する知識と理解をもっている。
コンピテンスとスキル	すべての生徒が学習し，成長するための機会を創造することができる。
	自分自身と他者について批判的に，自律的に省察することができ，専門職としての教育テーマや教授方法について高めることができる。
	生徒の学習と成長を促すために生徒の知識と経験を活用することができる。
	自律的にまたは他者とともに生徒の学習と成長を促すための教育活動を計画し，実施し，評価し，改善することができる。
	特別な教育ニーズを認識し，これらを対処するために他者と協働することができる。
	生徒の学習と成長を観察し，記録し，分析し，生徒のキャリア形成に協力することができる。
	人権や民主主義などの学校の価値観について話し合うことができる。
	生徒の差別やいじめを防ぎ，抵抗することができる。
	ジェンダーや平等性の観点にたって，教育活動を考察し，話し合い，実施することができる。
	教育活動を支援するために，聞く，話す，書くなどのコミュニケーション・スキルがある。
	教育活動において安全に批判的に情報機器を使用することができ，多様なメディアやデジタル環境の役割の必要性について考えることができる。
	専門的実践に求められるスキルを向上させ，教育活動を行なうことができる。
判断とアプローチ	自己認識と共感をもっている。
	生徒と保護者に対して専門的なアプローチをとることができる。
	人権，とりわけ条約や持続的発展に基づいた子どもの人権に関する科学的，社会的，道徳的視点に基づいて教育活動を実施することができる。
	教育活動において生徒の知識とスキルを高める必要性について認識している。

(出所) Högskoleförordningen (1993:100)

質を身につけることと明記されている。表6-2, 表6-3は教員養成課程における学習成果をまとめたものである。ここでは，初等教育および教科教員の教員養成課程における学習成果をみてみよう。

「知識と理解」では，専門的実践に求められる教育学的なスキル，最新の研究の理解，専門職として求められる能力を発達させること，学習プロセスに関する知識，科学的知識に基づいた調査や理論の獲得，生徒の学習と成長を評価するための知識の育成，専門科目に関する知識と理解（教科教員）が求められている。また，学校に関する歴史，制度，カリキュラムに関する知識と理解も求められている。この項目では，学校教育に関する広範な知識と理解，社会や子どもの変化に応じた教育実践，科学的知識に基づいた教育実践が重視されている。「コンピテンスとスキル」では，生徒の学習の成長の機会を創造する能力，生徒の知識や経験の活用を通じて学習と成長を高める能力，生徒の学習と成長を高めるために自律的に，他者と協働して教育活動に取り組める能力，教育活動においてジェンダーや平等に配慮してコミュニケーションをとることができる能力，多様なIT技術を適切に活用することができる能力，専門的実践のために必要なスキルを高めるための教育活動を実践することができる能力を形成すること，生徒のキャリア支援ができること（教科教員）が求められている。つまり，教育に関する知識と理解を活用すること，学校教育において重要な価値観（民主主義，ジェンダー，人権など）を養成すること，他者と協力・連携をとることが重視されている。「判断とアプローチ」では，自己認識と共感をもつこと，子どもの人権について科学的，社会的，倫理的側面に基づいて判断した教育的活動ができること，教育的活動において自身のスキルや知識

を継続的に高められることが求められている。生涯学習の観点から，職業生活を通じて教員としてのスキル，価値観を高めることが目指されている。

学習成果をみると，教員は専門的実践を高め，社会の変化や子どもの学習と成長に必要な教育実践のための知識，スキルを身につけることが重視されていることがわかる。特に専門的実践として教育学的な知識と手法だけでなく，科学的理論，量的・質的調査手法などを有効に取り入れることも求められている。学習成果においてこれらの点を強調することによって高等教育機関でのプログラム内容を専門職育成と研究基盤に焦点をあてたものにしようとしているのである。

では，このような学習成果枠組みが機関内における質保証においてどのように活用されているのであろうか。次節では，リンネ大学における取り組みについて考察する。

3 教員養成課程に関する内部質保証の進め方
―リンネ大学の場合―

本節では，教員養成課程の評価の進め方についてリンネ大学の事例について考察する。リンネ大学はスウェーデンの南東部に位置しており，2010年にヴェクショー大学とカルマル大学が合併して新設された大学である。同大学は150もの学位取得を目的としたプログラムを提供しており，その他にも専門職コースや地域と密着した教育プログラムを提供している。新しい教員養成課程はすべての教育段階のプログラムで認定評価をうけている。

リンネ大学では内部質保証構築のためのプロジェクトチームが発足し、2011年に学生の卒業論文を対象にした質保証の手法に関するパイロット調査が進められた。教員養成課程に関しては専攻によって提供する教育内容、期間が異なるため、プログラム全体の学生の学習成果を評価するための効率的な枠組みが必要になる。教員養成課程にはすべての学生が共通して履修しなければならない教育科学分野があることに注目し、教育科学分野に焦点をあて、同大学の教育プログラムを通じて学生が教員としての科学的知識、教育手法、科学的妥当性を備えているかを評価している。しかし教育科学分野の授業だけでは学生の学習成果を適切に評価することは難しく、一方的な視点だけで学生の学習を評価することは誤った結果を招きかねないことを考慮し、学生の卒業論文、学習プロフィールも評価の対象にすることで、学生がいかに知識、経験を蓄積させているのかを確認している (Ulrika et al. 2011)。

　まず、同プログラムに在籍する学生の複数の論文（各専攻から）をランダムに抽出し、質を保証するための最低条件となる評点を策定する。評価の際には3名の外部評価者が参加し、以下の5つの視点で評価される。

・専攻科目の妥当性（論文の課題が明確であり、現実的な課題を扱っている）
・課題の選定（研究分野を特定するために専攻研究を検討している、研究目的が明確である）
・知識の裏づけ（研究課題に関連した論文を調査し、検討している）
・調査の実施（調査の目的に合った仮説をたて、適切な調査手法を選定

し，その調査手法を活用するための理論的な知識がある）
・結論の提示（調査を実施し，根拠のある結論がある）

　教員養成課程のシラバスの内容も評価の対象となる。異なるコースの複数のカリキュラムを評価対象として抽出し，以下の視点で評価される。

・論文は，学生が身につけるべき学習成果を示しているか。
・どのように学位を取得したのか。
・卒業論文に取り掛かるまで，学生に論文を読むように指導しているのか。
・卒業論文を執筆するために，学生にどのようなカリキュラムを提供し，どのようなスキルを身につけるようにしているのか。
・カリキュラムが提示しているように，学生は学位を取得するのに必要な知識とスキルを身につけているか。
・カリキュラムに質保証枠組みの内容が反映されているか。
・質保証枠組みに該当する表現，用語，概念が使用されているか。
・質保証枠組みにあった内容が卒業論文においてみられ，カリキュラム内容や学習成果が示されているか。

　また，学生だけでなくプログラムのコーディネーターにも質問紙調査を実施し，教育プログラムの評価を実施している。質問紙調査の目的は，どのプログラムの担当者が科学的アプローチや専門的スキルの向上のための教育内容を学生に提供しているのかを把握するためのものである。担当者の考えを聞き出すため，記述的な質問紙

調査が作成されている。以下が，プログラム担当者に配布した質問紙の内容である。

・プログラムの内容が学生の体系立てられた調査を実施することにいかに貢献しているのか。
・プログラムの内容がどのように学生の批判的アプローチを育成しているのか。
・プログラムの内容が学生の論文執筆のためのスキル，科学的な結果を議論するためのスキルを高めることにいかに貢献しているのか。
・プログラムの内容がどのように学生の能力を高めているのか。

　リンネ大学における教員養成課程の評価は，高等教育法に定める学習成果の枠組みをもとに評価基準を策定し，学生の卒業論文，カリキュラム，プログラム担当者への質問紙を評価の対象としている。学生の卒業論文を評価する直接評価のみを実施するだけでなく，学位を授与したプログラムの教育内容，その教育内容を策定したプログラムの責任者にも調査を行うなどして，多方面からプログラムの質を保証することが可能となっている。リンネ大学ではこの評価分析の結果，プログラム担当者がいかに学習成果を重視した質保証枠組みを意識してカリキュラムを構築し，教育に関する理論と実践の両方を重視して授業を構成しているかが課題とされている。特に専門的実践が身についたかどうか，そのための理論と実践をいかに学生が身につけているのかについては，卒業論文やカリキュラム構成だけで評価するのは容易なことではないと考えられる。

以上，スウェーデンの教員養成課程の変遷，現行の質保証枠組みについて考察した。スウェーデンの教員養成課程は国内外における社会の状況に応じて柔軟に変化してきたといえる。かつて教員養成は職業学校において実施されていたが，1977年の教員養成改革によって高等教育機関において実施されるようになった。その背景には幼児期から青年期までの総合教育を実現することを目指した教育改革に必要な教員の育成が求められたことがあげられる。つまり単なる知識の伝達者ではなく，スウェーデン社会を構築するために必要な価値観の養成や社会との関連性を重視した教育活動が可能な教員を育成する必要があったのである。高等教育機関に教員養成課程を組み入れることによって，全国で共通の教員養成課程を提供することが可能となった。2000年には研究を基盤にした教員養成課程を構築するため，2010年には専門職としての教員を養成するために教員養成改革が行われた。高等教育法においても専門的実践の形成，科学的知識と教育活動との関連を明記するなどして，高等教育分野における専門職としての地位を確立しようとしている。

　現在の教員養成課程は，4つの学位を授与することで，教育段階にあった確実な知識，スキルを備えさせることを目指している。教員養成課程を通じて求められている学習成果を考察すると，生徒の学習と成長を高めるための専門家として，科学的理論や調査手法に基づいた教育活動を実施できる知識，スキルを身につけなければならない。またスウェーデンにとって重要な価値観である，人権，ジェンダー，民主主義に関する知識，理解を身につけ，これらの価値観のために行動できる姿勢が求められている。学習成果の枠組みは学位取得後も評価の視点となり，教員を志望する学生は学位取得

後, 1年間の研修期間を経て評価をうけてから教員登録をしなければならない。研修による評価内容は大学での教育内容を身につけているかを問う質問項目で構成されていることから, 教員養成課程での学習内容は学位取得後も評価の対象となり, 高等教育機関での教育の質がより重視されることになる。つまり, 理論と実践がいかに関連し, この両方を未来の教員に身につけさせるかが教員養成課程の教育内容に不可欠だといえる。

本章では事例としてリンネ大学を取り上げ, 同大学における教員養成課程の内部質保証に焦点をあてた。同大学では学生の学習成果として卒業論文を評価対象とした直接評価だけではなく, シラバスの評価, プログラム責任者への質問紙調査を行うなどして, 多面的に教育の質を保証する制度を構築している。教育理論と実践の両方をバランスよく身につけさせるために, いかにプログラムのカリキュラムを構成するかが課題とされている。ただし理論と実践の両方を学生が身につけたかを卒業論文による直接評価だけで検討することは容易ではなく, 学生への質問紙調査や課外活動に関する調査も踏まえて考察することが必要だと考えられる。

同国における教員の専門職としての位置づけを明確にし, 教員の質を確保しようとする国家的な取り組みが, 実際に教員の質を高めることになるかは今後も継続的な考察が必要である。また専門職としての位置づけを法的に, 制度的に明確にしようとしても, それがすぐに社会全体の認識に結びつくわけではない点に留意しなければならない。しかし, 同国では国家レベルでの質保証枠組みが機関レベルの内部質保証として活用され, 教員養成課程を修了した学生が教育現場にでた後もその教育内容が評価対象となるように, 質保証

が有機的に機能するような仕組みを構築しているといえる。

　日本の教員養成課程においても質保証枠組みの構築が機関レベルで注目されており，カリキュラムや教育内容などのインプットを通じて教員としての質を確保する取り組みが進められているが，学生が身につけた知識，スキルなどのアウトプットをいかに評価し，教育プログラムの改善に結びつけるかについては，各機関において構築が検討されている段階にある。スウェーデンの学習成果を重視した質保証は，プログラムを評価するための手法であり，学生個人がいかに知識，能力をつけたかを評価するものではない。そのため，同国における質保証の比較を通じて日本への示唆を得るには次の2点に留意する必要がある。第1に，個々の学生が高等教育を通じていかに知識，能力を高めたのかという視点で学習成果（卒業論文）が評価されるわけではない。つまり，学生個人の成長度合いをみるためのものではなく，プログラムの教育効果を測るために学生の卒業論文が評価対象になっているのである。第2に，スウェーデンは高等教育機関数，学生数が日本と比較しても少ないため，全国共通の質保証枠組みのもとで，学生の卒業論文を評価対象にした質保証の構築が可能である。リンネ大学では，教員養成課程を評価する際，評価対象を複数設けることによって教員養成課程の質を多面的に評価する制度を構築している。同国の評価手法をそのまま日本に取り入れることは制度的背景や高等教育機関を取り巻く状況の相違から容易なことではないけれども，教員を目指す学生個々の学習成果と，教員として望まれる成果を実現することが可能な教育プログラムを考察する両方の評価体制を重視する手法は参考になると考えられる。

本章では、スウェーデンにおける教員養成課程の質保証の取り組みについて、国レベル、機関レベルでの評価制度に着目した。今後の課題として、より具体的な質保証の取り組みとして同国における教員養成課程のカリキュラムに焦点をあて、実際にいかに学生の学習成果の評価がなされ、教育プログラムの評価・改善へとつなげているのかを考察することにしたい。

付　記
　本章は、武寛子（2014）「スウェーデンにおける教員養成課程の質保証に関する考察」『国際協力論集』第22巻第1号、pp.55-76。に加筆修正したものである。

注
1) それ以前は教会が主体となって教育が行われていた。そのため、それ以前の"教師"とは、聖書の内容を理解し、解釈し、伝達できる人材のことを指していた。
2) 日本の小学校にあたる。
3) 日本の中学校にあたる。
4) たとえば、低学年では地域に関する知識を学ぶ「地域の地理」が実施され、地域に関する地理、歴史が教えられた。中学年、高学年では、公民、歴史、地理が実施された。
5) 教科教員とは、後期中等教育（基礎学校高学年、および高等学校）で専門の教科を教授する教員のことである。
6) この答申は、2010年4月に国会審議を通過した。
7) 継続的な教育をうけたことで新たに別の教員資格を取得した場合、750SEKが必要となる。就学前教育の教員の場合は750SEKかかる。
8) ボローニャ・プロセスとは、ヨーロッパ域内における大学レベルの交流および協力の促進、大学の国際的競争力の強化を目的としたものである。具体的には、国家間の単位互換性を高めること、共通の評価枠組みのもとで国内の枠組みを設定すること、就学サイクルの統一などがある。高等教育段階は各国によって多様であったことから、学士（3年）―修士（2年）―博士（3年）に統一することになった。

9) 高等教育サービス庁は、主にスウェーデン、海外における学生からの願書申請手続きに関する業務を担っていた。
10) 2009年に制定された質保証の枠組みは、(1)学士課程の基準認定（accreditation）、(2)テーマ別評価、(3)教育に関する評価、(4)研究の質に関する評価、(5)卓越した教育業績の評価、の5つの項目で行われた。この評価枠組みは2009年から2012年の期間に実施される予定であった。しかし、質保証の分野が細分化されていることから多くの資金と人材が必要となったこと、機関側の作業が膨大であることなどが理由で、2010年に頓挫した。
11) たとえば、ウプサラ大学の経営学学士を授与するプログラムは「不十分な質」という評価をうけた。6つの評価項目のうち、「専門分野に関する知識と理解」、「深い方法論的知識があるか」の2項目において「不十分な質」という評価をうけている。「専門分野に関する知識と理解」については、「評価対象となった学生の業績（論文）では、専門分野に関する広い知識、専門分野の特定部分に関する深い知識、現行の調査や研究に関する洞察力といった、専門知識に関する知識と理解に関する知識が不十分である」とされているだけである。
12) 評価結果と財政配分とをリンクさせることについて次のことを理由とした批判があがっている。つまり、大学の規模によって評価対象となるプログラムの数にばらつきがあり、その結果大学間で追加的資金を得られる機関とそうでない機関との間に財政的差額が生じること、追加的資金を得られなかった大学は財政難に陥り教育の質を改善するどころか教育の質を低下させ、教育内容の平等性が損なわれる可能性があること（Prop. 2009/10：139)、学生の卒業論文のみに焦点をあてた評価方法への疑問などである。
13) ウプサラ大学（2012年9月4日実施)、ルンド大学（2012年9月6日実施)、リンネ大学（2012年9月7日実施）におけるインタビュー調査より。

参考文献

Ahlström, K. G. and Kallós, D. (1995) Contextualizing Quality, Recent Discussions on Teachers and Teacher Education in Sweden, *European Journal of Teacher Education*, Vol. 18, No. 1, pp. 25-35.

Askling, B., Bauer, M. and Marton, S. (1999) Swedish universities towards self-regulation: A new look at institutional autonomy. *Tertiary Education and Management*, Vol. 5, pp. 175-105.

Askling, B. and Ross-Ridlizius, R. (2000) Lifelong learning and higher education: The Swedish case, *European Journal of Education*, Vol. 35, No. 3,

pp. 257-269.
Carlgren, I. and Klette, K. (2008) Reconstructions of Nordic Teachers: Reform policies and teachers' work during the 1990s, *Scandinavian Journal of Educational Research*, Vol. 52, No. 2, pp. 117-133.
Ds 1996:16. *Lärarutbildning i förändring*, Stockholm, Utbildningsdepartementet.
Eurydice (2006) *Quality Assurance in Teacher Education in Europe*.
Hansen, H. F. (2009) Educational evaluation in Scandinavian countries: Converging or diverging practices?, *Scandinavian Journal of Educational Research*, Vol. 53, No. 1, pp. 71-87.
Harford, J., Hudson, B. and Niemi, H. (2012) *Quality Assurance and Teacher Education: International Challenges and Expectations*, Peterlang, Switzerland.
Hämäläinen, K., Haakstad, J., Kangasniemi, J., Lindeberg, T and Sjölund, M. (2001) *Quality assurance in the Nordic higher education-Accreditation-like practices*, ENQA Occasional Papers 2.
Högskoleverket. (2008a) *Report 2008:4R, National quality assurance system for the period 2007-2012*.
—— (2008b) *Rapport 2008:8 R, Uppföljande utvärdering av lärarutbildningen*.
—— (2009) *Rapport 2009:25R Kvalitetsutvärdering för lärande-Högskoleverkets förslag till nya kvalitets-utvärderingar för högskoleutbildningar*.
—— (2010) *Rapport 2010:10 R, Universitet & högskolor Högskoleverkets årsrapport 2010*.
—— (2011a) *Rapport 2011:8 R Universitet & Högskolor Högskoleverkets årsrapport 2011*.
—— (2011b) *National Qualifications Framework*.
—— (2011c) *Generell Vägledning för Självvärdering i Högskoleverkets System för Kvalitetsutvärdering 2011-2014*.
—— (2011d) Report 2011:3R, *the Swedish National Agency for Higher Education's Quality Evaluation System 2011-2014*.
Jonnergård, K. and Erlingsdóttir, G. (2012) Variations in professions' adaption of quality reforms: The cases of doctors and auditors in Sweden. *Current Sociology*, Vol. 60, pp. 672-689.
Kallós, D. (1999) Recent Changes in Swedish Teacher Education. *TNTEE*

Publications, Vol. 2, No. 2, pp. 165-174.

Kallós, D. and Nilsson, I. (1995) Defining and Re-defining the Teacher in the Swedish Comprehensive School. *Educational Review*, Vol. 47, No. 2, pp. 173-188.

Niemi, H., Harford, J. and Hudson, B. (2012) Introduction: From Quality Assurance to Quality Culture, In Harford, J., Hudson, B. and Niemi, H., *Quality Assurance and Teacher Education: International Challenges and Expectations*, Peterlang, Switzerland, pp. 1-11.

Nilsson, K. A. (2010) *Direct Quality Assurance. Assessing the outcomes and relevance of programmes in higher education*, Lund University.

Nilsson, K. A. and Näslund, H. (1997) *Towards a Swedish evaluation and quality assurance system in higher education*, Office of Evaluation, Report No 1997:107, Lund Universitiet.

Nilsson, K. A. and Wahlén, S. (2000) Institutional Response to the Swedish Model of Quality Assurance, *Quality in Higher Education*, Vol. 6, No. 1, pp. 7-18.

OECD (2005) *Teachers Matter-Attracting, Developing and Retaining Effective Teachers*. OVERVIEW (http://www.oecd.org/edu/school/34990905.pdf) (平成 26 年 3 月 31 日確認)

Regeringens proposition 2004/05:162, *Ny värld-ny högskola*.

Regeringens proposition 2008/09:175, *Gränslös Kunskap–Högskolan i Globaliseringens tid*.

Regeringens proposition 2009/10:139, *Fokus på kunskap-kvalitet i den högre utbildningen*.

Smeby, J. C. and Stensaker, B. (1999) "National quality assessment systems in the Nordic countries: Developing a balance between external and internal needs?", *Higher Education Policy*, Vol. 12, pp. 3-14.

SOU 2008:109 *Betänkande av Utredningen om en ny lärarutbildning*.

Stensaker, B. (2000) Quality as discourse: An analysis of external audit reports in Sweden 1995-1998, *Tertiary Education and Management*, Vol. 6, pp. 305-317.

Take, H. (2011) The Strategy for learning outcomes at higher education institutions in Sweden, *Kobe Journal of Higher Education*, Vol. 20, pp. 1-20.

Ulrika Bengtsson-Verde, Lena Carlsson, Birgitta E. Gustafsson, Henriette Koblanck, Mattias Lundin, Tina Mattsson, Norma Montesino, Karl-Axel Nilsson, Johanna Rosenqvist. (2011) *En metod for kvalitetssakring och utveckling genom granskning av examensarbeten.-avrapportering av pilotprojekt vid Linneuniversitetet*, Linneuniversitiet.

Zineldin, M., Akdag, H. A. and Vasicheva, V. (2011) Assessing quality in higher education: New criteria for evaluating students' satisfaction, *Quality in Higher Education*. Vol. 17, No. 2, pp. 231-243.

Åstrand, B. (2006) *Aspects of recent reforms of teacher education in Sweden*, Seminar on Modenization of Study Programmes in Teacher's Education in an International Context Ljubljana.

―― (2012a) Does Teacher Education Matter? Graduated Teachers' Evaluations of Teacher Education in Sweden, *Reflecting Education*, Vol. 8, No. 2, pp. 6-22.

―― (2012b) Contemporary Challenge for Quality Assurance in Teacher Education: The Swedish Example-Do Central Inspections Impede Local Quality Culture? In Harford, J., Hudson, B. and Niemi, H., *Quality Assurance and Teacher Education: International Challenges and Expectations*, Peterlang, Switzerland, pp. 85-114.

青山佳代・小湊卓夫・鳥居朋子 (2004)「シドニー大学における教育の質的向上への取り組み―『課程満足度調査 (Student Course Experience Questionnaire：SCEQ)』を中心に」『名古屋高等教育研究』第 4 号，pp. 205-222

川嶋太津夫 (2008)「ラーニング・アウトカムズを重視した大学教育改革の国際的動向と我が国への示唆」『名古屋高等教育研究』第 8 号，pp. 173-191

栗田真司・秋山麻美・高橋英児 (2010)「フィンランド共和国・スウェーデン王国における教員養成制度と附属学校園の役割に関する調査研究」『平成 22 年度　文部科学省先導的大学改革推進委託事業　国立大学附属学校園の新たな活用方策に関する調査研究』山梨大学教育人間科学部，pp. 54-72

是永かな子 (2006)「スウェーデンにおける教員養成改革―イェーデボリ大学の教員養成課程の検討を中心に―」『高知大学学術研究報告』第 55 巻，pp. 2-11

武寛子 (2012)『中学校教師のグローバル・シティズンシップ教育観に関する研究―日本とスウェーデンの比較分析』学文社

ハデニウス，スティーグ著，岡沢憲芙監訳，木下淑恵・秋朝礼恵訳 (2000)『スウェーデン現代政治史―対立とコンセンサスの 20 世紀』早稲田大学出版部

山田綾 (2012)「教師教育の専門科とカリキュラム―スウェーデンの教師教育改革 (2000 年) とその後の動向を中心に」『愛知教育大学教育創造開発機構紀要』Vol. 2，pp. 65-74

第 7 章

中国の大学評価制度の変遷とその課題

邵　婧怡

　本章は,「現代中国大学の質保証制度─『普通高等教育学校本科教育レベル評価』を中心に」(学文社 2012),および「現代中国大学の質保証制度Ⅱ─普通高等教育学校本科大学の質保証制度を中心に」(学文社 2013)の続編であり,また筆者の博士論文『現代中国大学の質保証制度─普通高等教育学校本科大学を中心に』の主な内容を集約したものである。これまでの研究においては,中国の大学[1]の質保証制度の発足の背景や,中国の高等教育の地域間格差の視点から,大学の質保証制度の重要性,および中国の大学質保証制度の重要な構成要因となる大学評価制度の実践について議論を進めてきた。それは,各評価制度に焦点を当てて分析し,その性格と評価指標の構成を提示したものであった。本章においては,これまでの議論を踏まえ,中国の大学評価制度を比較し,分析を進める。これらの比較分析を通じて,特に分類的大学評価に対する分析を通じて,中国の大学評価制度にどのような変化が生じているのか,また,どのような特徴があり,どのような課題を克服する必要があるのかについて,議論を進める。

1 大学評価制度の発足

世界中をみると，高等教育の質の問題はその規模の拡大により露呈したものであることがわかる。いずれの国家も教育の質の問題を解決するために，大学評価の制度化への実践が進められるようになった。アメリカ，日本および西欧先進諸国の事例をみると，これらの国々は，ポスト・マス段階から大学評価制度をはじめとする大学の質保証制度を発足し，質的発展を強調するようになった[2]。

中国の高等教育のマス化については，1998年に公布の『21世紀に向ける教育振興行動計画』(原語：『面向21世紀教育振興行動計画』)において，2010年までに高等教育の粗入学率[3]を15%にするという目標が立てられた。この目標に沿い，2002年には高等教育への粗入学率が15%に達し，高等教育のマス段階へと突入した。しかし，大学評価への実践については，2002年以降から進められたものではなかった。1985年に公布した『中国共産党中央委員会，教育体制改革に関する決定』(原語：『中共中央関于教育体制改革的決定』)において，高等教育機関の自主権を拡大すること，および「教育管理部門は教育界，有識者，雇用部門を組み合わせて，定期的に高等教育学校を評価する」ことを決定した。したがって，なぜ中国の大学評価制度がアメリカや日本などの国家と異なり，エリート段階から発足したのかについて分析する必要がある。それは，改革開放期以降の高等教育の管理体制改革に理由がある。

1950年代には，高等教育の管理体制改革が進められ，中央政府がすべての高等教育機関を所管し，その発展を強力にコントロールしてきた。その後さまざまな実践を踏まえて，改革開放期までに高

等教育の管理権は国家政府所管と地方政府所管との二層の管理体制に変更した。

改革開放期以降，経済的な発展に応じて，高等教育機関の量的な拡大が進められた。大塚(1997)は1980年代初期の高等教育機関の増加現象について，「80年代前半の伸びは劇的であり，毎年100校あまり，平均して4日に1校という高速度で新設校が現れ（中略）新設校の多くは中等専門学校が昇格したものや，既存の大学が設けた分校を基礎にしたものであった」と指摘した。これらの新設校のほとんどは，地方政府に所属しているため，国家政府にとって，教育の質をコントロールすることが困難になっていた。

ところが，中国の教育界においては，従来「一管就死，一放就乱」（管理を厳しくすれば活力が失われ，放任すれば混乱する）といわれている。1980年代初期から大学の自主権を拡大する改革が進むにつれて，大学間の質の格差が非常に拡大され，特に新設大学の質が低下した。そのため，国家教育部による大学に対するマクロレベルの管理の補足として，大学評価制度が発足した。そのうち，もっとも経済発展に貢献できると考えられる工学専攻の評価制度の実践が，中国の大学評価制度，または質保証制度のスタートのシンボルとしてあげられる。それは，1985年6月に中国の黒龍江省において開催された，高等教育の工学分野における評価問題に関する研究会議（原語：高等工程教育評估問題専題討论会）である。

また，新設大学の質を保証するために，1986年に国務院が『普通高等教育学校[4)]の設置に関する暫定条例』（原語：『普通高等学校設置暫行条例』）を公布し，事前規制の大学質保証制度を取り入れた。

2 大学評価制度の実践

　まず，中国の大学評価制度の実践を整理する。『21世紀に向ける教育振興行動計画』の規定により，中国においては大学評価の実践が始まった。1990年までには約500校の普通高等教育学校が大学評価の実践を進めた。これらの実践を踏まえ，1990年に国家教育委員会は『普通高等学校の教育評価に関する暫定規定』（原語：『普通高等学校教育评估暂行规定』）を公表した。この規定は大学評価に関する初の法規であり，評価の目的，評価方法，評価関係者の役割分担を定めた。第1章総則では，評価の目的について次のように記されている（以下，筆者訳）。

　　中国における高等教育評価の目的は，社会のモニター機能を果たし，社会的ニーズに学校を適応させることである。また社会主義的な発展に向けて，学校の経営能力と教育の質を向上し，社会建設によりよいサービスを提供することを目指している。

　評価方法として，新設学校を対象とする合格評価，合格評価をうけ，合格の評価結果をえた学校を対象とする教育レベル評価（原語：办学水平评估），優秀評価（原語：选优评估），および内部評価などがある。
　『普通高等学校の教育評価に関する暫定規定』の計画に基づき，国家教育部は1994年から2002年までに，合格評価，優秀評価およびランダム評価を行った。これらの評価経験を踏まえ，2003年から2008年までには，普通高等教育学校の本科教育レベル評価（原

語：普通高等学校本科教学工作水平評估，以下「本科教育レベル評価」と略称する）が行われた。2008年10月30日には「高校（高等教育学校）教学評価状況」[5]が公表された。2003年から2008年にかけて，589大学が評価をうけ，その内優秀と認められたのは433大学，良好は135大学，合格は21大学であった[6]。

　2010年7月中共中央，国務院は『国家中長期教育改革および発展計画綱要（2010-2020年）』（原語：『国家中长期教育改革和发展规划纲要（2010-2020年）』）を発表した。本綱要においては，高等教育の規模をさらに拡大し，粗入学率を2020年までに40％に引き上げると発表した。また，高等教育の質保証，人材育成の質の向上，科学研究能力のレベルアップ，社会サービス機能の強化，高等教育のバランスの調整を要求した。人材育成の質の向上に関する項目では，質保証制度を完備させ，大学評価を改善することを強調した。

　本綱要の指示により，2011年10月13日に国家教育部は『教育部，普通高等教育学校の本科教育評価に関する意見書』（原語：『教育部关于普通高等学校本科教学评估工作的意见』）を発表し，これより大学評価は制度化された。本意見書においては，教育の質を評価，モニター，保証，向上する重要な手段として，また質保証制度の重要な部分として，大学評価制度が取り上げられた。また，大学評価制度は，教育基本状況に関するデータベース，大学の自己評価，分類的大学評価（合格評価と審査評価），専攻の認証評価と国際評価によって構成されている。分類的大学評価は，これまでに実践してきた本科教育レベル評価の経験を踏まえたものであるため，現代の中国大学質保証制度のなかで，もっとも早く実行されるようになった。

3 合格評価の変遷

3-1 合格評価の評価指標

　2011年12月23日には，国家教育部は分類的大学評価の一環とする合格評価の実施に関する公文書を発表した。それは，『教育部弁公庁普通高等教育学校の本科教育合格評価に関する通知』[7]（原語『教育部办公厅关于开展普通高等学校本科教学工作合格评估的通知』）である。本通知においては，合格評価の評価対象を2000年以降に新設し，本科教育レベル評価に評価されていなかった大学と設定した。また，従来の大学評価は公立大学に義務付けられているのに対して，合格評価においては，独立学院や民営大学も評価対象となっている。3年以上卒業生を出している大学は評価をうけ，さらに5年以上卒業生を出している大学は合格評価をうけることが義務づけられている。また，評価の結果については，「通過」「暫定通過（原語：暫緩通過）」「不通過」と定めた。

　1994年から2002年までに実施された合格評価は高等農林学校，高等財経学校，高等法政学校，高等外国語学校，総合大学，高等医薬学校，高等師範学校，高等工業学校と8つの学問分野に分けて実施された。また，本科教育レベル評価の評価基準においては，学問分野の教育の特徴に応じて，大学を6種類に分類し，統一の評価方案の元に，それぞれの評価基準を規定した。この6種類は第1種：総合大学，師範大学，民族大学，第2種：工学大学，農・林大学，第3種：文学（原語：語文）大学，経済大学（原語：財経）大学，政治と法律大学，第4種：医学大学，第5種：体育大学，第6種：芸術大学である。つまり，1994年から実施された合格評価は学科別の

大学評価であり，また本科教育レベル評価は一本化した大学評価といわれるが，各大学の特徴と性格への配慮もされている。

ところが，2011年に策定された合格評価は，高度に一本化した大学評価制度である。『教育部弁公庁普通高等教育学校の本科教育合格評価に関する通知』の附則においては，大学の学問分野の専門性と教育の経歴に応じて，民営大学と医学大学と芸術大学の合格基準を部分的に調整した。この調整の内容は主に一級指標の「2. 教員」に対する調整である。たとえば，医学大学は専門性の高い大学であるため，学生と教員との比率を10：1に調整した。また芸術大学においては，博士学位を有する教員の比率は非常に低いため，評価ポイントである「教員全体の構成」のなかに評価される「専任教員のうち，修士以上の学位を有する教員の比率」を従来の50％以上から35％以上へと調整した。

『教育部弁公庁普通高等教育学校の本科教育合格評価に関する通知』においては，『普通高等教育学校の本科教育合格評価の評価指標』を示している。ここでは，合格評価の主な評価指標を提示する（表7-1）。

2011年に合格評価の評価指標が発表されてから，2014年12月の現時点まで，その実施機関である教育部高等教育教学評価センターのホームページにおいては，合格評価の評価指標，2012年から2013年までの合格評価の対象大学のリスト，および各大学の評価期間に関する計画のみ公表されている。そのため，合格評価が大学現場において，どのように実施され，どのような課題があるのかについて，分析することが困難である。しかし，1994年から実施された学科別の合格評価との比較を通じて，中国の大学評価制度の時

表7-1　普通高等教育学校の本科教育合格評価の評価指標

一級指標	二級指標	評価ポイント
1. 学校の運営理念と管理者の役割	1.1 学校の位置づけ	学校の位置づけと計画
	1.2 教育管理	管理者の役割
		教育中心の理念
	1.3 人材育成モデル	人材育成の理念
		産学・研究の連携
2. 教員	2.1 教員数と構成	学生と教員の比率
		教員全体の構成状況
	2.2 教育のレベル	教員の道徳
		教育のレベル
	2.3 教員の育成研修	教員の育成研修
3. 教育条件と利用	3.1 教育の基本施設	実験室，実習場所の利用
		図書資料と校内インターネットの利用
		校舎，グランド，活動場所の利用
	3.2 教育経費	教育経費の投入
4. 専攻とカリキュラム	4.1 専攻	専攻の設置と構造の調整
		専攻内の人材育成計画
	4.2 カリキュラムと教育	教育内容とカリキュラム
		教授法と学習評価
	4.3 実践教育	実験教育（実験室利用状況など）
		インターンシップ
		社会実践
		卒業論文，卒業設計と総合訓練
5. 質の管理	5.1 教育の管理	学校管理部門の構成と素質
	5.2 質の保証	教育に関する管理制度の完備
		質のコントロール（自己評価制度の完備）
6. 学風	6.1 学風	学業に向けて励ませる政策
		学風
		校内の文化活動
	6.2 学生の指導とサービス	組織保障（指導教員と教務係の設置など）
		サービス（就職指導，心理指導など）
7. 教育の質	7.1 道徳	思想政治教育
		学生の思想道徳
	7.2 専攻の知識と能力	専攻に関する基本知識と技術
		専攻能力（専攻に関連する仕事に適応できる）
	7.3 体育，美術	体育と美術（「国家大学生体質健康基準」の合格率85％以上）
	7.4 内部評価，外部評価	教員，学生の評価
		社会の評価
	7.5 就職	就職率
		就職の質

（出所）『普通高等教育学校の本科教育合格評価の評価指標』より，筆者作成。

代の特徴が提示できる一方，国家政府はどのような視点から新設大学の質を測っているのかも提示できる。

3-2　合格評価の変遷

上述したように，1994年から国家教育委員会[7]は8つの学問分野に分けて，学科別の合格評価の評価方案を策定した。しかし，2012年に策定された合格評価の評価指標は，一本化した大学評価であり，大学の学問分野に対する考量が少ない。そのため，ここでは多数の学問分野にわたって，教育を行う総合大学の評価方案の主な内容を分析する（表7-2）。

表7-2は，1997年に公表された総合大学の本科教育合格評価方案である。表7-1を表7-2と比較すると，約15年にわたる教育改革と高等教育マス化の進展とともに，新設大学の質を保証するための合格評価に2点の大きな変化がみられる。

第1に，大学の自己評価制度の重視である。1997年の総合大学の合格評価では，大学の内部質保証制度として，「5.教務管理」で提示したように，大学の教育に関する制度の整備とその実施が評価されていた。また本科教育レベル評価においても，同じような措置により，大学の内部の質保証制度として大学の質を保証している。ところが，2011年の『教育部，普通高等教育学校の本科教育評価に関する意見書』においては，大学の自己評価制度の整備を要求した。そのために，2011年の合格評価の評価指標の「5.2質の保証」においては，大学の自己評価制度の完備を評価のポイントとして提示している。

第2は，学生と教員の成長への重視である。従来，中国の高等教

育の目的は国家に貢献できる頭脳労働者を育成することであった。しかし，1990年代後期から教育改革により，学費徴収制度が取り入れられ，学生は従来の大学教育の受益者から，大学教育の消費者へと変身した。

表7-2 総合大学の本科教育合格評価の評価方案

項目	一級指標	二級指標
教育条件	1. 教育経費の投入	1.1 教育経費
		1.2 教育経費の増加率
	2. 教員	2.1 専任教員
		2.2 教員の学歴
	3. 教育施設	3.1 図書資料
		3.2 実験設備
		3.3 教育施設
教育管理	4. 指導者	4.1 大学の経営理念と教育理念
		4.2 教育の質を向上するための計画と方策
	5. 教務管理	5.1 教務の管理部門
		5.2 教務の管理制度
		5.3 教務活動の実施
教育	6. 専攻	6.1 専攻設置
		6.2 専攻の調整
	7. カリキュラム	7.1 教育課程の計画と教育状況
		7.2 教材の選別
		7.3 マルチメディアの活用
		7.4 全学共通科目
	8. 教育実践	8.1 実験
		8.2 コンピュータ活用
		8.3 インターンシップ
	9. 学風	9.1 学風
		9.2 学術講座の開催
教育成果	10. 学習成果	10.1 基礎科目の試験
	11. 総合素質	11.1 思想道徳
		11.2 体の素質
		11.3 総合能力（卒業論文，投稿数など）

（出所）『総合大学の本科教育合格評価方案』より，筆者作成。

2011年4月24日,国家主席である胡錦濤は,清華大学の創立百周年記念大会で講演をした。胡錦濤は講演のなかで,イノベーションを国家競争力の核心的な要因として提示し,高等教育は「科学技術は第1の生産力である」[8]という認識と「人材は第1の資源である」[9]という認識を連合させるための重要な結合点であり,国家発展にとって重要な役割を果たしていると述べた。そのため,以下の方面より人材育成のレベルを向上させることを図った。

①学生の健康的な成長を学校運営の出発点および立脚点とすること,②学生の国家,国民を対象とするサービス精神を強め,イノベーション能力,問題解決能力,実践能力を養成させること,③人的な全面発展を社会の要求に適応させることを人材育成の基準とすること,④生涯教育を発展させること,⑤科学研究能力を向上させること,⑥高等教育を経済社会の発展にサービスすること,⑦文化の継承と革新を促進させること。

この講演から,高等教育の改革によって国際競争力を高め,さらにグローバル化の進展のなかで,中国においては,高等教育の人材育成目的に変化が生じていることがわかる。つまり,従来の社会主義的な思想道徳の養成を強調する一方で,教育の目的は国家と社会への貢献というマクロレベルでの要求からイノベーション能力,社会実践能力,思考能力などの養成と身体の鍛錬,個性的な発展などの個人レベルの要求へと移行した。社会主義国家である中国においては,高等教育の目的は社会建設への貢献である一方で,人材育成も重視されるようになった。

このような高等教育全体の教育目的の変化は，合格評価の評価指標についてもみられる。1997年に発表した総合大学の本科教育合格評価方案においては，学生を評価の対象者として取り扱った。それに対して，2011年の合格評価では，学生の人材育成を重視している。たとえば，「6.2 学生の指導とサービス」では，従来の教務管理を内容とする学生の指導を重視する一方，学生の就職指導と心理指導も重要な評価ポイントとして策定し，学生に対して，適切な心理指導を行うように規定した。さらに従来の職場配置から自由就職制度に改革したため，学生に対して，適切な就職指導を行うことも2012年の合格評価では要求されるようになった。

4 審査評価

2013年12月に国家教育部は『普通高等教育学校本科教育審査評価の評価方案』（原語：『普通高等学校本科教学工作審核評估方案』）を公表した。審査評価は，本科教育レベル評価の「以評促建，以評促改，以評促管，評建結合，重在建設」[10]の評価方針を継承した。また，本科教育レベル評価の実施にあたり，中国の教育界は，その評価方案の策定に対して，検討とアドバイスを提示した。これらの検討とアドバイスに鑑みて，審査評価においては，評価対象大学の特色を打ち出すことに重点を置いた。また，従来の本科教育レベル評価より，審査評価では，「学校の自己点検」，「自己評価」，「自己改善」，つまり大学の自己評価制度の作成に重点をおいていることが本評価方案で記載されている。さらに実施方案では「学校の運営理念，人材養成目標，地域経済社会の発展に適応しているかどうか

を評価し，学生と社会の満足度に重点を置く」ことを表明した。

審査評価には，本科教育レベル評価に「合格」以上の評価結果をえた大学，および本科教育合格評価に「通過」の評価結果をえた大学に評価をうけるよう義務づけられているため，政府の強い姿勢が示されている。審査評価の評価方案は以下の通りである（表7-3）。

表7-3は審査評価の評価方案を提示したものである。審査評価は，主に本科教育レベル評価の経験を踏まえ，問題点を改善し，さらに新たな大学質保証制度の需要に応じて策定したものである。具体的な内容をみると，審査評価「6. 質保証」においては，大学の自己評価制度の整備，国家の教育基本状況に関するデータベースの一環とする学内のデータベースの整備と利用などが評価内容としてあげられていた。

また，中国の大学卒業者の就職難の問題は，高等教育マス化の進展とともに深刻化しつつある大きな社会問題である。そして，就職率だけではなく，就職内容と専攻との関連づけや，卒業後のフォローアップも大きな課題になっている。審査評価の「5.4 就職と発展」では，卒業生の就職率とキャリア発展を評価内容としてあげていた。つまり大学は，学生の卒業時点での質を保証するだけでなく，キャリア教育を通じて，学生のキャリアの発展も重視するように要求されている。

さらに，審査評価のもっとも大きな変化として，地方政府の評価参加があげられる。審査評価の評価方案においては，実施方法として，地方政府の大学の管理権の拡大に資するために，審査評価を大学の管理権の区分に実施することを定めた。国家政府部門所管の大学の審査評価は教育部高等教育教学評価センターにより実施するこ

表7-3 普通高等教育学校の本科教育審査評価の評価方案

審査項目	審査要素	評価内容
1. 位置づけと目標	1.1 学校の位置づけ	学校の運営理念,位置づけとその根拠
		学校発展計画の中の学校位置づけの表現
	1.2 人材育成の目標	人材育成の目標とその根拠
		専攻の人材育成目標,基準とその根拠
	1.3 人材育成中心	教育の中心地位(人材育成中心)を保証するための政策
		教育の中心地位(人材育成中心)の表現と効果
		学校管理層の本科教育の重視
2. 教員	2.1 数と構成	教員数と構成
		教員層の発展計画と形勢
	2.2 教育のレベル	専任教員の教育レベル
		教員の道徳養成の実施と効果
	2.3 教員の教育参加	教授・準教授の本科教育への参加
		教員の教育研究及び教育改革の参加
	2.4 教員の発展	教員の教育能力と専攻能力を向上させるための政策
		教員のキャリア発展に関する政策
3. 教育資源	3.1 教育経費	教育経費の投入と保証制度
		学校の教育経費の変化
		教育経費の配分と利用の効率性
	3.2 教育施設	教育施設は適切に設置されているか
		教育・科学研究施設の利用状況
		教育の情報化
	3.3 専攻設置と育成方案	専攻の設置計画とその執行
		専攻の構造調整,重点専攻と新設専攻
		人材育成方案の設定,執行と調整
	3.4 カリキュラム	カリキュラムの計画とその執行
		科目数,構造,優れた教育資源
		教材の作成と選択
	3.5 社会資源	社会と学校の協力経営の実施とその効果
		社会との協力経営における教育資源の状況
		社会からの寄付状況
4. 教育	4.1 教育改革	教育改革の方針と政策
		人材育成の改革
		教育と管理の情報化

	4.2 教育	教育大綱の作成と実施
		教育内容における人材育成目標の反映，科学研究成果の教育への転換
		教員の教育法，学生の学習法
		試験，考査の方法と管理
	4.3 実践教育	実践教育システムの構成
		実践教育の実施状況と実験室の利用状況
		インターンシップ，社会実践，卒業論文(設計)の実施と効果
	4.4 課外活動	課外活動による人的全面発展を保証するための政策
		サークルの発展，学校の文化，科学技術活動状況
		学生の国内外の交流学習の状況
5. 学生の発展	5.1 学生の受け入れ状況	学生の出身の構成
		専攻別の学生の数とその特徴
	5.2 学生指導と支援	学生指導と支援の状況
		学生指導と支援の機関とその状況の保障
		指導と支援に対する学生の評価
	5.3 学風と学習効果	学風建設のための措置と効果
		学生の成績と総合的な素質
		個人の学習と成長に対する学生の満足度
	5.4 就職と発展	卒業生の就職率とキャリア発展
		採用機関の卒業生に対する評価
6. 質保証	6.1 教育の質保証制度	質保証の基準の設定
		学校の質保証制度の構成
		質保証制度の現状
		教育の質の管理層
	6.2 質の保証	自己評価と質保証の内容と方法
		自己評価と質保証の実施効果
	6.3 質の情報と利用	学内の教育の基本状況に関するデータベースの構築状況
		質のデータ統計，分析とフィードバック
		質のデータの公開と年度の質報告
	6.4 質の改善	質を改善するための方法
		質の改善の効果と評価
特色項目		

(出所)『普通高等教育学校の本科教育審査評価の評価方案』より，筆者作成。

とに対して，地方政府所管の大学の審査評価は省レベルの教育行政部門により実施することを定めた。これまでの研究において明らかになったように，中国の大学の発展には，大きな地域間格差が存在している。審査評価の評価方案においては，この地域間格差の問題を考量し，国家統一の評価方案に基づき，各省は省内の高等教育の教育状況に合わせた具体的な評価案を策定することを規定した。

　審査評価の実施は，地方政府の大学質保証制度への参加を意味している。しかし，このような評価制度により，審査評価の専門性と客観性を確保することは，極めて困難である。なぜならば，地方政府が地方大学の管理者であり，省政府の教育庁が第三者機関とよばれても，地方政府の一部門であるからである。つまり，地方政府が実施する審査評価は，管理者である地方政府の自己評価であるに過ぎない。

　そこで，このような評価の仕組みについて問題点を指摘する。第1に，客観性の欠如である。中国においては，従来の高等教育機関の設置および改革開放期以降の経済の発展につれ，大学の発展には大きな地域間格差が存在している。経済的に発展している地域においては，大学の量も質も保証されているが，一部の経済的に乏しい地域においては，大学の量も，教育の質もかなり低下している。たとえば，青海省においては，2012年の本科大学は3大学であり，それは青海大学と青海師範大学と青海民族大学である。審査評価の客観性を確保するために，実施方法では，現地調査の専門家の構成について，現地調査の専門家メンバーに占める，大学所在地以外の省からの専門家の割合を3分の1以上と規定した。つまり，現地調査専門家委員会のメンバーの内，3分の2近くのメンバーは大学所

在地の省の教育管理部門の者か，大学の管理職であることを意味している。青海省の状況をみると，3大学の管理職は互いに審査評価を行うことになる。これらの専門家による評価では，客観性を確保するのが困難である。

　第2に，地域的な評価能力での格差が生じている。本科教育レベル評価の実施にあたり，大学現場においては，評価専門家の専門性の問題について指摘されている（たとえば，李・李・曲 2009）。審査評価の評価内容については，国家教育部が定めた統一の評価指標に基づき，各地方は自らの教育状況に合わせた具体化した評価案を策定し，実施することが可能になった。高等教育の地域間格差の視点からみると，このような評価仕組みにおいては，地域別に評価の専門性にはかなりの格差が存在しているに違いない。地方政府間においては，教育力と経済力の格差が存在しているため，東部地域の地方政府の評価能力は中・西部地域の地方政府の評価能力より高い。そのため，実施されている審査評価も地域別にかなりの格差が存在しているに違いない。

　第3に，国家政府所管の大学と地方政府所管の大学間の格差拡大である。すでに高い教育の質を保証している国家政府所管の大学の審査評価は教育部高等教育教学評価センターにより実施されている。教育部高等教育教学評価センターは，2004年から全国の大学に対して10年近くの大学評価経験と全国のもっとも専門性の高い専門家メンバーを有している。それに対して，地方政府は本科教育レベル評価の評価対象者であるため，評価の実施者となる経験はほとんどない。したがって，国家政府部門所管の大学は地方政府所管の大学より専門性の高い審査評価をうけていることが明らかになっ

た。このような審査評価制度の実施により、大学の地域間格差だけではなく、国家政府所管の大学と地方政府所管の一般大学との格差も拡大している。

　以上のことから、審査評価を通じて、大学間の教育の質の格差は拡大されているといえる。この傾向を防ぐために、地方政府所管の大学の審査評価を教育部高等教育教学評価センターが実施することを提案する。また審査評価の実施方法においては省の教育行政部門を第三者機関として取り扱っているが、これは事実上地方政府の一部門に過ぎない。第三者機関の導入により、大学評価の多様性を図り、また専門性を保証するために、国家政府から独立した行政機関を認証し、地方政府所管の大学がこの第三者評価機関に評価をうけることも選択肢のひとつである。

　以上、中国の大学の評価制度の変遷と課題について分析した。2011年に発足した制度化された大学評価は、依然として国家教育部が指示し、国家が大学をコントロールし、質を保証するための制度として存在している。この大学評価制度の実施者を分析すると、まず、本科教育レベル評価の経験から、高等教育機関の「自己評価」の実施者は大学であり、「自己評価」を通じて作成された報告書は分類的大学評価に利用されている。つまり、「自己評価」は大学の個別活動ではなく、国家の大学評価の一部である。教育基本状況に関するデータベースには、大学が定期的に国家教育部が定めたデータ内容を点検し、国家教育部データベースにアップロードすることが義務づけられている。そして、国家教育部がこれらのデータを審査し、大学の教育条件をチェックしている。さらに「分類的大

学評価」に関しては，第三者機関と称する教育部高等教育教学評価センターにより実施されているが，評価指標の策定，評価結果の公表，評価専門家委員会の選抜など，すべて国家教育部が行っている。そのため，大学評価の実施者は依然として，国家教育部であり，評価の対象者は大学である。

ここで筆者は地方政府の大学評価制度への参加を提案する。これには2点の根拠がある。第1に，地方政府は所管している大学の資金投入者であるため，投入した資金が大学でどのように利用され，またどのような効果があるのかを評価する権利がある。第2に，民営大学は地方に立地しているため，地方政府の教育部門に大学の設立の審査をうけている。したがって，地方政府は設立の許可を授与した大学に対して，質を保証する義務があるゆえに，大学評価制度へ参加することが相応しい。

ここで提案する地方政府の大学評価制度への参加は，審査評価の実施方法において提示した省政府の教育庁が大学に対して，直接に大学評価を実施することではなかった。筆者が提案する地方政府の大学評価制度への参加は以下の2点である。

第1に，地方政府は，教育基本状況に関するデータベースにアップロードされた大学の教育条件のデータを定期的にチェックすることである。大学の質を保証するために，地方政府は，定期的に大学現場において，教職員および学生に対して聞き取り調査を行い，大学の教育の質をチェックすることを提案する。

第2は，大学評価の現地調査専門家の地方政府に対する助言である。本科教育レベル評価の実施からみると，大学評価は国家教育部と大学との間で行われている。地方政府は，本科教育レベル評価の

自己評価段階において，大学の教育条件を向上するために，大量の資金を投入した。しかし，現地調査段階においては，評価専門家グループが地方政府に対して評価を報告し，大学の管理面に関して助言を行っていなかった。大学評価を通じて，評価専門家グループが地方政府を対象に，管理機能が十分に働いているかどうかを評価し，大学評価が行われた後，地方政府に助言することを提案する。

さらに，大学評価の実施にあたり，教育部高等教育教学評価センターの情報公開の必要性を提示する。すでに本章の第4節において論じたように，2011年に合格評価の評価指標が発表されてから，2014年12月の現時点では，その実施機関である教育部高等教育教学評価センターのホームページにおいては，合格評価の評価指標，2012年から2013年までの合格評価の対象大学のリスト，および各大学の評価期間に関する計画のみ公表されている。しかし，2013年12月の国家教育部による『普通高等教育学校の本科教育審査評価の評価方案』の公表では，分類的大学評価の専門家の選抜，育成訓練などに関するすべての情報が公開されていないのが現状である。

中国の本科教育レベル評価の目的は，大学の教育の質と効率性を向上することに重点を置き，社会に対して，大学の情報を公表し，説明する責任が求められていない。しかし，大学評価に関する情報の公開により，大学は教育，研究，社会サービスの機能が適切になされているかどうかを社会に説明するだけでなく，評価実施者は，大学に対して適切な評価を実施したかどうかを説明する義務もある。

また，グローバル化が進展するなか，2010年3月に中国の教育部高等教育教学評価センターは日本の大学評価・学位授与機構，および韓国の大学教育協議会とともに「日中韓質保証機関協議会」を

構成し,日・中・韓の国家政府の支援のもと,国境を越えた高等教育の質保証を提供することに合意した。そのため,中国においては,大学評価制度をはじめとする質保証制度の情報公開は国内だけでなく,東アジアの高等教育分野でも必要となった。国際間の質保証制度の交流だけでなく,教育の交流,人材の交流また科学研究の成果の交流を深めるために,そして高等教育分野における信頼関係を構築するために,中国の教育部高等教育教学評価センターは積極的に情報を発信する努力が必要となるだろう。

注
1) 本研究において,大学という概念は,特に言及しない限り,学士学位教育を行っている本科大学を指す。
2) たとえば,有本(1997)はアメリカと日本の高等教育の質保証制度の発足について,「高等教育のマス化段階が成熟期に移行した結果,それまでに山積した量的発展の矛盾が露呈し,その解決に向けた種々の課題が出現している事実が観察できる(中略)マス化に特有の量的発展に翳りが生じ,その見直しを含めた質的発展を真剣に検討するべき時点に直面することが明白になるはずである」と分析した。
3) 粗入学率は「毛入学率」ともよばれ,在校生が一定の適齢人口に占める割合を表している。中国における高等教育の適齢人口対象の年齢は18歳から22歳となっている。高等教育における粗入学率=当該年の高等教育機関の在校生総数÷総人口における一定の適齢人口(18〜22歳)である。出所:独立行政法人大学評価・学位授与機構(2013)『中国高等教育質保証インフォメーション・パッケージ:中国の高等教育における質保証システムの概要』,p. 24。
4) 普通高等教育学校は学士学位教育を行っている本科大学,および専門人材を育成し,学位授与権が委任されていない専科学院より,構成されている。
5) 教育部高等教育教学評価センターより発表された。2012〜2013年にかけ,教育部高等教育教学評価センターのホームページの改造により,データが削除され,現在確認できない。

6) 合格評価，優秀評価，ランダム評価，本科教育レベル評価の実施状況については，筆者が「現代中国大学の質保証制度―『普通高等教育学校本科教育レベル評価』を中心に」(学文社，2012) において，すでに分析したため，本章においては省略する。
7) 1985年から1998年までに，国家の教育分野の最高行政機関として機能した。その後国家教育部に改称された。
8) マルクス主義の基本原理，1988年鄧小平より提起された概念である。
9) 2011年胡錦濤により提起された概念であり，人材は第1の資源であり，国家発展の戦略資源である。
10)「評価によって改革を促し，評価によって整備を促し，評価によって管理を促し，評価と整備を結びつけ，整備に重点をおく」を意味する (南部 2009, p.105)。

参考文献

有本章 (1997)「ポスト大衆化段階の大学組織改革―研究の意図と方法―」『ポスト大衆化段階の大学組織変容に関する比較研究 (高等教育研究厳書 46)』広島大学大学教育研究センター，pp.1-19

大塚豊 (1997)「中国高等教育の管理体制改革と組織変容」有本章編『ポスト大衆化段階の大学組織変容に関する比較研究 (高等教育研究叢書 46)』広島大学大学教育研究センター，pp.154-163

邵婧怡 (2012)「現代中国大学の質保証制度―『普通高等教育学校本科教育レベル評価』を中心に」山内乾史編著『学生の学力と高等教育の質保証Ⅰ』学文社，pp.195-216

――(2013)「現代中国大学の質保証制度Ⅱ―普通高等教育学校本科大学の質証制度を中心に」山内乾史・原清治編著『学生の学力と高等教育の質保証Ⅱ』学文社，pp.95-117

――(2014)「現代中国大学の質保証制度―大学の地域間格差問題を中心に」京都大学大学院教育学研究科比較教育学研究室『アジア教育研究報告』第12号，pp.34-46

胡錦濤 (2011)『清華大学成立百周年記念大会における胡錦濤の講演』(原語：『胡錦涛在清华大学百年校庆大会上的重要讲话』) http://www.bj.xinhuanet.com/bjpd_sdzx/2011-04/25/content_22604972.htm (2014年12月30日閲覧)

中華人民共和国国務院 (1986)『普通高等教育学校の設置に関する暫定条例』(原語：『普通高等学校设置暂行条例』) http://www.moe.edu.cn/publicfiles/business/htmlfiles/moe/moe_620/200409/3134.html (2014年12月30日閲覧)

中華人民共和国教育部 (1998)『21 世紀に向ける教育振興行動計画』(原語『面向 21 世纪教育振兴行动计划』) http://www.moe.gov.cn/publicfiles/business/htmlfiles/moe/s6986/200407/2487.html (2014 年 12 月 30 日閲覧)

——(2011a)『教育部, 普通高等教育学校の本科教育評価に関する意見書』(原語：教育部关于普通高等学校本科教学评估工作的意见) http://www.moe.edu.cn/publicfiles/business/htmlfiles/moe/moe_838/201008/93704.html (2014 年 12 月 30 日閲覧)

——(2011b)『教育部弁公庁普通高等教育学校の本科教育合格評価に関する通知』(原語『教育部办公厅关于开展普通高等学校本科教学工作合格评估的通知』) http://www.moe.gov.cn/publicfiles/business/htmlfiles/moe/s7168/201403/165457.html (2014 年 12 月 30 日閲覧)

——(2013)『普通高等教育学校本科教育審査評価の評価方案』(原語：『普通高等学校本科教学工作审核评估方案』) http://www.moe.edu.cn/publicfiles/business/htmlfiles/moe/s7168/201312/160919.html (2014 年 12 月 30 日閲覧)

中華人民共和国国家教育委員会 (1997)『総合大学の本科教育合格評価方案』(原語：『综合大学本科教学工作合格评估方案』李延保主编『中国高校本科教学评估报告 1985-2008』高等教育出版社, pp. 369-377

中国共産党中央委員会 (1985)『中国共産党中央委員会, 教育体制改革に関する決定』(原語：『中共中央关于教育体制改革的决定』) http://www.moe.gov.cn/publicfiles/business/htmlfiles/moe/s6986/200407/2482.html (2014 年 12 月 30 日閲覧)

中国共産党中央委員会・中華人民共和国国務院 (2010)『国家中長期教育改革および発展計画綱要 (2010-2020 年)』(原語：『国家中长期教育改革和发展规划纲要 (2010-2020 年)』) http://www.moe.gov.cn/publicfiles/business/htmlfiles/moe/s4560/201007/95749.html (2014 年 12 月 30 日閲覧)

独立行政法人大学評価・学位授与機構 (2013)『中国高等教育質保証インフォメーション・パッケージ：中国の高等教育における質保証システムの概要』, 独立行政法人大学評価・学位授与機構ホームページ http://www.niad.ac.jp/n_kokusai/qa/1227301_1542.html (2014 年 12 月 30 日閲覧)

南部広孝 (2009)「中国における大学教育評価の展開─本科課程教学評価を中心に」塚原修一 (研究代表)『大学経営の高度化とそれを支援する政策のあり方』国立教育政策研究所, pp. 165-182

李延保主編・李小梅・曲琼斐副主編 (2009)『中国高等教育学校本科教育評価の報告書 1985-2008 年』(原語：『中国高校本科教学评估报告 1985-2008』) 高等教育出版社

【編著者紹介】

山内乾史（やまのうち　けんし）

1963年生まれ　現在，神戸大学大学教育推進機構／大学院国際協力研究科教授

【単著】『文芸エリートの研究―その社会的構成と高等教育―』有精堂，1995年
　　　　『現代大学教育論―学生・授業・実施組織―』東信堂，2004年
　　　　『「共通一次世代」は教育をどう語るのか』ミネルヴァ書房，2011年
【共著】『学力論争とはなんだったのか』ミネルヴァ書房，2005年（原清治と）
　　　　『「使い捨てられる若者たち」は格差社会の象徴か―低賃金で働き続ける若者たちの学力と構造―』ミネルヴァ書房，2009年（原清治と）
【単編著】『開発と教育協力の社会学』ミネルヴァ書房，2007年（2011年に『国際教育協力の社会学』と改題，改訂）
　　　　『教育から職業へのトランジション―若者の就労と進路職業選択の教育社会学―』東信堂，2004年
【共監修書】『戦後日本学力調査資料集（全Ⅲ期全25巻）』2011年〜2013年（原清治と）
　　　　　　　　　　　　　　　　　　　　　　　　　他，共編著書，訳書多数。

学修支援と高等教育の質保証（Ⅰ）

2015年10月15日　第1版第1刷発行

編著者　山内乾史
発行所　株式会社　学文社
発行者　田中千津子

〒153-0064　東京都目黒区下目黒3-6-1
電話(03)3715-1501（代表）　振替00130-9-98842
http://www.gakubunsha.com

落丁，乱丁本は，本社にてお取り替えします。
定価は，売上カード，カバーに表示してあります。
印刷／新灯印刷
〈検印省略〉

© 2015　Yamanouchi Kenshi Printed in Japan
ISBN 978-4-7620-2569-3

山内乾史 編著

学生の学力と高等教育の質保証 I

本体2100円+税
ISBN978-4-7620-2307-1
C3337　四六判　228頁

「学力」と「就労」というキーワードを軸に、主に大学生の学力および高等教育の質保証に重点を置き検討。新たな大学生の学力をめぐる状況は、全体でどのようになっているのか、今後どうなっていくのかを考察する。

山内乾史・原清治 編著

学生の学力と高等教育の質保証 II

本体2100円+税
ISBN978-4-7620-2411-5
C3337　四六判　208頁

いかにして学生の学修時間、学習の質を確保するかなど「学力」を論点の中心にする。学生の学力と高等教育の質保証のシステムを、日本国内諸大学の状況、世界各国との比較を中心に展開していく。

山内乾史・原清治 編著

学歴と就労の比較教育社会学
教育から職業へのトランジションII

本体1900円+税
ISBN978-4-7620-2050-6
C3037　四六判　206頁

格差社会論にたいして学力論の観点から切り込む。
イギリス、北欧諸国、エジプト、オーストラリア、日本と幅広い地域を対象に、教育と職業との関係について分析していく。